KB138801

플라톤의 국가란 무엇인가

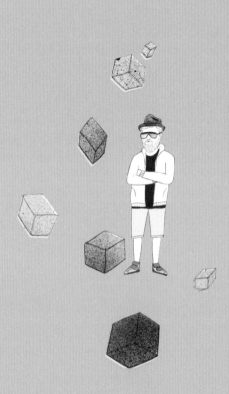

너머학교 고전교실 07

플라톤의
국가란
무엇인가

플라톤 원저 · 허용우 글 · 박정은 그림

너머학교

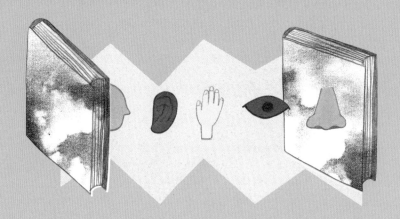

— 이 책의 1장부터 4장은 2400년 전 사람 플라톤이 자신의 생각을 말하는 형식으로 쓴 것입니다. 5장은 아리스토텔레스가 스승인 플라톤에게 쓴 편지와 후대 철학자들이 플라톤에 대해 대화하는 형식으로 썼습니다.

— 플라톤이 썼다는 대화편과 편지 40여 편 중에서 오늘날 학자들이 대체로 인정하는 작품들을 중심으로 구성했습니다. 그 작품에 대한 개괄은 플라톤의 대화편(214쪽)을 참고하기 바랍니다.

— 플라톤은 자신에 대해 글로 남긴 것이 거의 없습니다. 4장까지의 글은 오직 그의 대화편과 편지를 읽고 저자가 상상력을 발휘하여 쓴 것입니다. 따라서 자서전 형식을 띠고 있으나 실제로 역사적 전기는 아닙니다.

— 플라톤의 이야기 다음에는 간단한 해설과 평가를 담은 '풀이 노트'를 덧붙였습니다. 플라톤이 말한 것을 그대로 받아들이기보다는 비판적으로 읽도록 돕기 위해서입니다.

| 차례 |

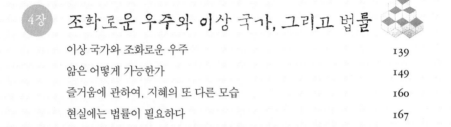

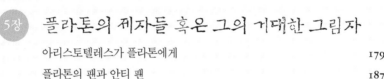

1장

소크라테스를
만나다

아, 소크라테스

내가 가장 사랑한 사람은 누구냐고? 그때의 일을 이야기해 달라고? 이런, 너무나 가혹한 일이야. 그 당시를 돌이켜 보는 것은 정말 괴로운 일이지만, 여러분이 정 그렇게 원한다면 해 주지.

내가 정말 사랑하던 사람이 죽은 것은 내 나이 스물여덟 때였어.

내 인생에서 가장 빛나던 사람, 누구보다도 현명한 이, 바로 소크라테스였지. 너무나 큰 충격에 나는 정신을 차릴 수가 없었어. 아고라에서, 체력 단련장에서 수시로 함께하던 소크라테스의 대담하고 유쾌한 목소리를 더는 들을 수 없다니……. 나에게 세상은 온통 어둠이었지.

고개를 들어 앞을 보아도 아무것도 보이지 않았어. 귀를 기울여도 아무 소리도 들리지 않았어. 단지 소크라테스가 재판정에서 아테네 사람들에게 따끔하게 이르던 말들, 그와 함께 거닐던 일리소스 강가의 플라타너스 그늘 아래 반짝이던 물결들, 밤새워 떠들고 마셔 대던 향연에서 모두 곯아떨어진 새벽에 조용히 일어나서 어슴푸레한 하늘 아래로 사라져 가던 그의 뒷모습만이 머릿속에 남아 있을 뿐.

지금 이 세상을 떠나는 소크라테스 주위에 있는 이들은 도대체 무슨 생각을 하는 걸까? 과연 그들은 소크라테스의 말처럼 이 세상을 떠나 저 세상으로 가는 것을 좋은 일로 받아들일 수 있을까? 남의 일이라고 쉽게 말하는 것 아닌가? 죽은 뒤에 무엇이 있는지 정말 누가 안단 말인가? 저 세상이 있다고 해서 거기에서 잘 살지 못 살지 누가 안단 말인가? 게다가 그는 이제 여기에 더 이상 없는데.

누가 그의 말이 잘못되었다고 해도 자신을 변호할 수도 없고, 자기의 뜻을 다시 설명할 수도 없잖아. 이제 소크라테스의 날카로운 질문도 없고 그 앞에서 땀을 뻘뻘 흘리며 어설픈 지식을 늘어놓을 기회도 사라졌어. 그 일이 아무리 괴롭고 힘들어도, 머릿속을 텅 비게 하고 온몸이 감전된 듯 멍하게 될지라도 나는 그것이 정말 좋았는데.

그가 질문을 던지면 모든 것이 허물어지고 흔적도 없이 다 사라져 버리곤 했지. 사람들이 자신들의 영원하고 찬란한 진리라고 떠벌리던 것들이 다 그저 그런 먼지투성이 쓰레기에 지나지 않았다는 것이 증명되곤 했어. 소피스트들이 말하는 쓸모 있는 지식이 지닌 조그만 허점도 소크라테스는 놓치는 법이 없었어. 그는 말하곤 했지.

소크라테스 그리스 시대(기원전 350년 전후)의 작품을 본따 로마 시대(기원후 1~2세기경)에 만든 것으로 알려진 소크라테스 조각이다.(뉴욕 메트로폴리탄 미술관 소장)

"그러니까 의사가 병을 고친다고 했을 때 말이지……."

"신발을 만드는 사람은 신발에 대한 생각을 이미 가지고 있을 거야? 그렇지? 그러니까……."

"배의 선원들이 선장을 따르지 않는다면 어떻게 될까? 그 결과는……."

이렇게 흔히 볼 수 있는 의사의 예를 들거나 신발 만드는 사람, 선원들 혹은 도자기 만드는 사람에 비유하여 상대방 의견이 앞뒤가 맞지 않는다는 것을 파헤쳐 버렸지. 그리고 그 자리에 있는 모두가 사실은 제대로 아는 것이 없다는 사실이 밝혀지면 유유히 자리를 떠났어. 자신 또한 아무것도 아는 것이 없다고 하면서.

소크라테스는 사람들이 배가 아프면 화장실에 가서 볼일을 보든가, 토하든가 해서 몸 안의 안 좋은 것들을 몸 밖으로 내놓아야만 제대로 치료가 시작되지 않느냐고 했지. 잘못 알고 있는 것을 그대로 두면 영혼의 독이 된다면서, 잘못된 지식은 그것이 독이라는 사실이 드러날 때까지 끝까지 탐구해서 뿌리를 뽑아야 한다고 했어.

그러니 유명한 사람들 중에서 그를 좋아하는 사람이 있겠어? 좀 유명하다 싶으면 어김없이 찾아와서 당신의 지혜를 나에게 나누어 줄 수 있느냐고 천연덕스레 겸손을 떨지. 그러다 결국은 노랑가오리가 사람을 쏘아서 마비시키듯이 꼼짝 못하게 궁지에 몰아넣고는 모른다고 해야 놓아 주는 사람을 누가 좋아하겠느냐 말이야. 젊고 반항적인 젊은이들이라면 몰라도. 물론 옆에서 구경하는 우리는 매우 흥미로웠지만.

이봐, 친구들. 산파가 뭔지 알아? 엄마들이 애 낳을 때 도와주는 사람이야. 의사 대신 아이 낳는 것을 도와주는 전문가를 산파라고 하지. 소크라테스의 어머니가 산파였지. 그 피를 이어받았는지 소크라테스는 다른 이들이 스스로 지혜의 우물을 파게 했어. 자신은 아무것도 모른다고 주장했지만, 남들 스스로 지혜를 낳을 수 있게끔 이끌어 주는 놀라운 재주가 있었어. 그는 어딘가에 신적인 지혜를 지닌 사람이 있는지 항상 궁금해하면서 말하곤 했지.

"이봐, 플라톤. 잘못 알고 있는 것들은 빨리 버리는 게 좋아. 제대로 아는 것은 무엇보다도 자신을 위해 정말 좋은 일이야. 그리고 사람은 입을 즐겁게 하는 데 힘쓰는 것보다 영혼을 잘 보살피는 데 힘을 써야 해. 무엇이 영혼을 위해 좋은 것일까? 맛있는 음식? 듣기 좋은 음악? 많은 돈? 남들을 마음껏 부릴 수 있는 권력? 정말 자신이 원하는 것, 자기에게 정말로 좋은 것이 무엇인지 한번 잘 생각해 보라고. 자신을 잘 들여다봐야 해. 델피(델포이)의 신전에도 쓰여 있잖아. '너 자신을 알라'고 말이야."

소크라테스는 결국 자기 마음대로 죽었지. 우리가 좀 더 여기에서 함께 즐겁게 살자고 해도 그는 듣지 않았어. 결국 신념을 지켰지.

"내가 항상 말했잖아. 사람은 자신이 한 말에 책임을 져야 한다고. 그리고 남들이 나에게 나쁘게 한다고 나도 똑같이 나쁘게 굴어서는 안 된다는 게 내 생각이야. 또 이 지상에서 더 오래 살려고 영혼의 순결을 저버려서는 안 된다고 생각해. 이 세상보다 더 중요한 저 세상이 있다면 당연히 신에게 내 영혼을 맡기는 것이 더 좋은 일 아니겠어?"

그는 이 아테네를 사랑했어. 자신을 낳아 주고 길러 주었지만 결국은 죽음의 독배를 들게 한 아테네라는 거대하고 게으른 말, 혈통은 우수하지만 잘못된 길로 접어든 말을 일깨우기 위해 한 마리의 등에가 되어 따끔한 충고를 아끼지 않았지. 아테네는 등에를 정말 싫어했

소크라테스의 감옥 아테네 플라카(고대어 플릭스) 언덕 부근에 있는 '소크라테스의 감옥'이라 불리는 유적이다. 아고라 근처에 있었던 당시의 감옥은 지금은 터와 벽 일부만 남아 있다.

어. 하지만 꼭 죽이려는 것은 아니었는데. 그저 잔소리가 듣기 싫어 멀리 내쫓고 싶었을 뿐인데.

하지만 소크라테스는 도망칠 기회가 있었어도 떠나지 않았어. 그는 아테네에 끝까지 남고 싶어 했어. 아테네의 영혼을 돌보길 원했지. 정의를 위해 목숨을 버리는 일은 자신에게도 이로우며, 모두에게 이로운 것이라는 평소의 주장대로 소크라테스는 죽기로 한 거야.

도시 국가의 잘못된 법이 잘못된 판단을 내려 자신의 육체적 생명을 앗아가더라도 영혼만은 상하게 할 수 없다는 것을, 그리고 영혼을 지키기 위해서는 잘못된 선고에 대해 몰래 도망가는 잘못된 방식으로 대응해서는 안 된다는 것을 보여 주기로 작정한 거야. 남이 자신에게 악행을 저질러도 악행으로 복수하는 것보다는 그것을 견디어 내는 것이 올바른 일이며, 진정한 재판은 인간의 법이 아닌 신의 법에 따라 저 세상에서 열릴 것이니, 오직 정당한 길만 걷겠다는 고집을 꺾지 않았지.

결국 그는 그렇게 저세상으로 갔어. 그의 나이 일흔이었지.

기원전 399년 그리스 아테네에서 소크라테스에 대한 재판이 있었다. 소크라테스는 '신을 믿지 않을 뿐 아니라 젊은이들에게 나쁜 물을 들였다.'는 죄목으로 고소되어 배심원들에게 사형을 선고받고, 한 달 뒤 감옥에서 독배를 마셨다. 플라톤은 소크라테스의 재판을 참관하였으나 마지막 임종을 지키지는 못했다.

소크라테스가 직접 기록을 남긴 것은 하나도 없다. 따라서 소크라테스가 정말 어떤 생각을 했는지 아무도 모른다. 하지만 『소크라테스의 변론』이라는 대화편을 통해서 소크라테스가 어떤 생각으로 재판에 나섰는지 알 수 있다. 많은 학자가 『소크라테스의 변론』에서 소크라테스가 펼친 주장이 사실상 소크라테스의 생각이라고 인정하고 있다. 플라톤의 대화편에 나오는 소크라테스가 진짜 소크라테스냐 아니면 플라톤이 자신의 이야기를 하기 위해 만들어 낸 가상의 인물이냐에 대한 논란은 계속 있었다. 적어도 『소크라테스의 변론』에 나오는 소크라테스는 90% 이상 역사적 소크라테스라고 할 수 있다.

『소크라테스의 변론』에서 소크라테스는 아니토스를 비롯한 고발자들과 아테네 시민들의 생각이 잘못되었다고 주장하며 그들의 생각을 바꾸기 위해 노력한다. 자신에게 씌워진 죄목을 변명하기보다는 자신에 대한 고소가 근본적으로 부당하다는 주장을 펼치는 데 힘을 쏟는다. 그리고 자신의 신념에 따라 죽기를 선택하는 것처럼 보인다. 친구들이 간절히 권하고 노망칠 준비까지 다 해 놓은 데다 당시 관행으로 보아 탈출이 어렵지 않았는데도 거부했다. 왜 그랬는지는 『크리톤』에 잘 나와 있다.

『소크라테스의 변론』이 매우 사실적인 대화편이라고 한다면 이후에 쓰인 초기 대화편들은 소크라테스적인 대화를 플라톤이 상상하여 쓴 것이라고 할 수 있다.

소크라테스를 만나던 날

내가 소크라테스를 만난 것은 아주 오래된 일이야. 어려서 아테네의 유명한 교사들에게 이것저것 배우러 다니던 시절에 소크라테스를 만났지. 하지만 정식으로 만난 것은 아니었어. 나를 선생님들에게 데리고 다니던 노예들이 소크라테스와 마주치는 것을 싫어했기 때문에 제대로 만나지는 못했지. 단지 지나다가 멀리서 그가 다른 젊은이들과 대화하는 것을 구경하는 정도였어.

그때 우리 집안에서도 소크라테스를 그다지 달가워하지 않았던 것도 한 가지 이유였을 거야. 어린 시절에 내가 듣기로 소크라테스는 전도유망하고 잘생긴 멋진 젊은이를 꾀어 나쁜 물을 들이는 사람이었어. 어른들은 말했지.

"플라톤, 잘 들어라. 앞으로 너는 아테네의 중요한 정치가가 될 재능 있는 아이란다. 그러니 길거리에서 날라리들과 잡담을 늘어놓는 못생긴 인간을 보거든 조심해야 해. 대머리에다 왕방울 눈에 돼지코를 하고 있어서 쉽게 알아볼 수 있지. 언변은 화려한 데 비해 가난한 옷차림에 배불뚝이야. 그를 조심해야 해."

하지만 집안에서도 몰래 그와 교제하는 사람들이 있었어. 특히 정치가를 지망하던 크리티아스 삼촌이나 카르미데스 삼촌처럼 아테네에서 유명한 미소년 출신들은 소크라테스와 이미 친분이 있었지. 소크라테스는 잘생긴 소년들을 그냥 지나치는 법이 없었거든. 잘생긴 소년들에게 접근해서 자신에게 존경심을 갖게 하는 기술이 정말 대단했지. 그러다 보니 잘생긴 소년들에게 목을 매는 젊은이들은 항상 소크라테스에게 한 수 배우고 싶어 했어.

물론 소크라테스는 나에게도 작업을 걸어왔어. 내 나이 스물이 되었을 때였지. 그는 내게 말했어.

"어젯밤 꿈속에서 백조 한 마리가 내 품에 들어왔는데 바로 그게 너였구나."

아, 그 말에 넘어가지 않을 사람이 어디 있겠어. 나는 기꺼이 소크라테스의 작업에 응했어. 소크라테스는 상대방이 원하는 것이 무엇인지 정확히 알고 있었지. 하지만 항상 때가 되기 전에는 말하지 않았어.

내가 극작가로 등단하려고 했을 때였어. 심혈을 기울여서 작품을 썼지. 당시 대중들이 열광하던 비극 경연대회 참가를 앞두고 극장 앞에서 소크라테스에게 원고를 보여 주었어. 내심 나는 그의 칭찬을 기대하고 있었지. 소크라테스는 원고를 찬찬히 살펴보더니 진지하게 내게 물었어.

"정말 원하는 것이 무엇이지?"

"멋진 비극을 쓴다는 것은 정말 대단한 일입니다. 게다가 경연대회에서 우승한다면 모든 이들의 부러움을 사지 않겠습니까? 그다지 나쁘지 않은 일이잖아요?"

소크라테스는 찬찬히 말했어.

"좋은 비극을 써서 사람들에게 감동을 주고 올바른 인생에 대해 생각하게 할 수 있다면 그건 좋은 일이지. 그런데 좋은 비극이 가능할까? 비극이란 게 꾸며 낸 이야기 아닌가. 꾸며 낸 이야기로 사람들에게 감동을 주려면 사람들의 감정을 따라가야 하는데 그렇다면 그건 진실에서 멀어질 수밖에 없지 않을까? 사람들이 열광하는 이야기들은 진실을 떠나서 과장과 왜곡에서 나온 아부하고 아첨하는 이야기들 아닌가. 그런 이야기에서는 진정한 영웅들을 나약한 존재로 만들고 사람들에게 동정 받을 만한 초라한 존재로 만들지. 관객들에게 우월감을 심어 주고 아첨하여 영웅들보다 자기들이 더 나은 존재인 것처럼 여기게 만들어야 사람들이 좋아하니까. 그리고 그 이야기들은 사람들이 흔히 원하는 세속적인 것들을 이루려는 욕망에 들떠 있는 것들이야. 그 속에서 진실을 발견할 수 있을까?"

나는 할 말이 없었지.

소크라테스는 계속 말했어.

"차라리 진실을 찾기 위해 철학을 하렴. 진리는 영원하며 변함이
없는 곳에 거처한단다. 영원한 진리에는 영웅의 눈물 바람도 없
으며, 사람들 마음에 들기 위해 꾸며 내는 달콤한 거짓도 없어.
너 자신을 잘 들여다보거라."

나는 생각했어. 그의 말은 옳았으며 논리 정연하고 간결
했지. 그의 눈빛은 확신으로 가득 찼고 고요했으며 진실
했어. 나는 소크라테스 앞에서 원고를 불태웠어.
그리고 지혜를 사랑하는 삶을 따르기로 했지.
내 영혼에도 불길이 일어났던 거야.

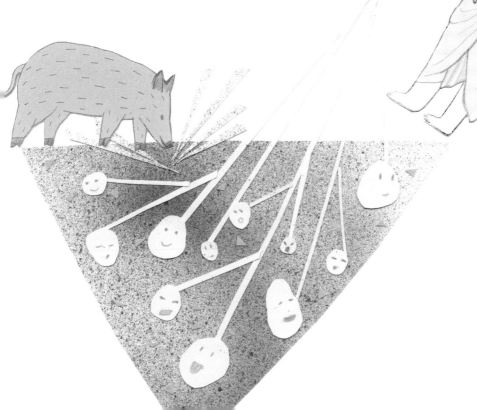

그때부터 나는 소크라테스를 열심히 따라다녔어. 하지만 집안에서는 그와 친분이 있었던 사람들이 오히려 소크라테스를 더 싫어했어. 하긴 어려서부터 아테네의 위대한 인물로 자라길 바란 집안 어른들 입장에서는 그럴 수도 있었을 거야.

나는 어려서 음악과 시가에 모두 소질이 있다고 했어. 게다가 레슬링 대회에서 우승하기도 했고. 내 입으로 이런 말을 하기는 뭐하지만 건장하고 넓은 어깨와 잘생긴 외모는 뛰어난 언변과 함께 정치가로서 성공을 보장하는 듯했거든. 그런 내가 집안 어른들의 기대를 거스르고 할 일 없이 길거리를 쏘다니는 무리와 함께 생활한다는 것을 좋게 볼 리 없잖아?

한때 대중 정치의 문제점을 비판하는 소크라테스에 흥미를 느꼈던 크리티아스 삼촌이나 카르미데스 삼촌이 문제였어. 스파르타의 도움을 받아 아테네의 민주정을 무너뜨리고 소수파의 정치인 과두정을 주도하던 그들은 소크라테스가 자신들의 정치에 대해서도 비판적인 모습을 보이자 눈엣가시로 여겼지.

그들은 소크라테스처럼 도덕적인 사람이 아니었어. 품위 있고 교육을 많이 받은 세련된 사람들이었지만 그들 생각에 정치권력은 어리석은 대중에게 넘기기에는 너무나 위험한 자신들의 권리였을 뿐이지. 그들은 좋은 가문의 오랜 전통으로 이어져 온 권리를 옹호하기 위해서 무식한 부자들을 제거하는 데 아무런 망설임도 없는 사람들이었지. 하지만 소크라테스는 무법을 그냥 두고 보는 사람이 아니었어. 그 자신이 정치가의 길을 걷지는 않았지만 자신에게 주어진 권리를 지키고 부당한 명령은 거부함으로써 그들에게 저항했어.

결국 그들이 좀 더 집권했다면 소크라테스는 아마도 그들 손에 죽었을 거야. 그러기 전에 정권이 바뀐 것이 다행이라고 나는 생각했지. 크리티아스 무리를 제거하고 정치권력을 잡은 민주파는 한동안 좋은 모습을 보여 주었거든. 크리티아스의 폭력에 희생된 사람들이 다시 복수하겠다고 나서지 못하도록 복수 금지법을 만들었고 철저하게 지켰어. 하지만 그들에게 소크라테스는 과두파보다 오히려 더 위험한 인물로 보였나 봐.

아마 소크라테스가 누구에게도 굽히는 사람이 아니었기 때문이겠지. 민주파에게는 권위가 필요했고 자신들의 법에 대한 존중이 필요했어. 오랜 정치적 다툼 끝에 권력을 찾은 것이니 권위가 필요했던 거야. 관습에 따라 자신들에게 충성심을 보여 줄 시민이 필요했을 뿐, 새로운 정치사상을 원한 게 아니었던 거야. 그들은 다양한 정치사상을 받아들이기에는 그릇이 너무 작았고 그런 다양한 정치적 의견이 아테네에 문제를 가져왔다고 믿었지.

그들에겐 민주파의 전성시대를 이끈 페리클레스 시대의 영광만 중요했을 뿐이었지. 그 시대의 관용은 사라지고 비판적 사상에 대한 적대감은 커졌어. 소피스트의 언변술과 궤변이 알키비아데스나 크리티아스 같은 젊은이를 타락시켰고 나아가 아테네의 몰락을 가져온 원인이라며 소크라테스에게 적대적으로 대했어. 그래서 맹목적으로 선

소크라테스의 죽음 프랑스 화가 자크 루이 다비드가 1787년에 그린 그림이다. 슬픔에 빠진 제자들에 둘러싸여 독배를 들기 직전까지도 열변을 토하는 모습이다.(뉴욕 메트로폴리탄 미술관 소장)

동하는 목소리에 저항하고 오직 성찰을 통해서 올바른 것만 행해야 한다고 주장하는 소크라테스를 '소피스트'라고 고발하고 결국에는 죽였던 거야.

　이런 일들을 겪으면서 나는 직접 정치를 하는 것에 흥미를 잃었지. 정치판은 변덕스럽고 질투 많은 여인과 다름없었어. 세상에서 가장 정의로운 자가 겉만 정의로워 보이는 정권에 의해 사형을 당할 수 있는 곳이었으니까.

플라톤이 소크라테스를 처음 만났을 때 어떤 모습이었는지, 두 사람이 만나면 어떤 이야기를 나누었을지 엿볼 수 있는 대화편들이 있다. 『뤼시스』나 『카르미데스』, 『파이드로스』 등의 대화편에는 당시 아테네에서 흔히 볼 수 있었던 미소년과 성인 남성의 연애가 등장한다.

오늘날의 상식과는 좀 다르지만 당시 그리스의 도시 국가에서 군대를 운영하던 방식을 생각해 보면 자연스런 현상이라고 볼 수 있다. 아테네에서는 18세 이상의 남자들은 장기간 전쟁을 수행하면서 전투 기술도 배우고 집단생활을 하며 시민으로서의 자질을 연마하게 된다. 그러면서 소년 멘티와 성인 멘토의 관계가 성립하고, 사회적으로 필요한 경험과 지식을 전수하는 아버지와 아들과 같은 관계를 맺는다. 일종의 애인 관계이자 스승과 제자의 관계이기도 했다. 물론 이런 관계를 사회가 권장한 것은 아니었지만, 멋진 미소년과 연애하는 남자는 남들의 부러움을 사곤 했다.

아테네인은 일곱 살이 되면 학교에서 읽기와 쓰기, 셈하기 등을 배웠다. 호메로스의 작품도 읽고, 체육관에서 체력 단련도 하고, 해변에서 수영도 했다. 비극을 보고 즉석에서 토론도 벌였으며, 민회나 재판에 참석하여 의견을 표현하는 것도 자유로웠다. 추첨에 의해 공직을 맡는 것은 정치적 권리를 누리는 것이지만 어찌 보면 정치 교육이라고도 할 만하다.

『뤼시스』에서는 사랑과 우정을, 『파이드로스』에서는 사랑과 더불어 연설술을 다루고 있다. 진정한 사랑이란 무엇인가, 우정이란 무엇인가를 논의하면서 소크라테스는 자신의 장기인 문답법을 보여 준다.

소크라테스와 소피스트들

소크라테스를 고소한 아니토스와 밀레토스, 리콘은 소크라테스에게 소피스트라는 누명을 씌웠지. 그들은 좀 아는 체하는 이들을 궁지에 몰아넣는 소크라테스의 멋진 대화 솜씨에서 소피스트의 모습을 보았을까? 하긴 아리스토파네스의 희극『구름』에서도 소크라테스를 소피스트의 우두머리로 그리고 있으니 보통의 아테네 사람들에게도 그들의 주장은 더욱 그럴듯하게 보였을 거야.

마침 저기 아니토스가 오는군. 이참에 분명하게 이야기하고 넘어가야겠어.

"이봐요, 아니토스. 저랑 이야기 좀 해요."

"으음, 이거 멋쟁이 플라톤 아닌가? 자네가 왜 나를 보자고 하나?"

"잘 알고 있지 않나요? 당연히 소크라테스에 대한 진실 때문이죠."

"자네처럼 잘생기고 전도유망한 젊은이가 왜 또 그런 소피스트 이야기를 꺼내려고 하나? 그는 소년들을 꾀는 뚜쟁이에다 아주 예의도 없고 막돼먹은 돼지 같은 자야. 그런 사람 이야기를 자꾸 입에 올리는 것은 자네 신상에도 안 좋아."

"당신이 그렇게 위협해도 할 말은 해야겠어요. 소크라테스는 절대 소피스트가 아니에요. 우선 그는 돈을 받지 않아요. 소피스트들은 돈만 내면 누구나 능력을 탁월하게 키워 줄 수 있다고 하지요. 소크라테스는 돈을 받은 적이 없어요."

"그야 모르는 일이지. 누가 아나. 뒤에서는 받았을지?"

"그럴 리가 없지요. 소크라테스가 항상 입버릇처럼 말하는 게 있잖아요?"

"그야, 뻔하지. '나는 아는 것이 없으니 당신이 좀 가르쳐 주쇼.' 하는 입에 발린 말이지."

"입에 발린 말은 아니지만, 어쨌든 소크라테스는 그렇게 말하고 다녔죠. 자신은 너무 무지하기 때문에 정말 배우고 싶다고요. 아니 스스로 무지하다고 말하는 사람에게 누가 돈을 내고 배우겠어요? 그는 사람들에게 '진정 지혜로운 자는 자신의 무지를 아는 자'라는 가르침을 주었을 뿐이에요."

"그래도 그가 소피스트들과 자주 어울려 다닌 것은 눈이 있는 아테네인이라면 다 아는 사실일걸? 자기 입으로 프로디코스의 제자라고 말하기도 했잖아."

물론 소크라테스가 소피스트들과 자주 만난 것은 사실이야. 소크라테스는 돈 많은 시민이 뭔가 특별한 것을 배우기 위해 소피스트를 초청하면 꼭 빠지지 않고 찾아가서 지혜를 얻고자 했어. 길을 걷다가도 소피스트들을 만나면 그냥 지나치는 법이 없이 "그대, 지혜로운 자여, 나에게 자비를 베풀어 가르침을 다오."라고 말하며 다가섰지.

"하지만 소크라테스는 의견이 달랐어요. 적어도 소크라테스는 진정한 진리가 있다고 믿는 사람이에요. 프로타고라스가 말하듯이 소피스트들은 저마다 각자의 진리가 있다고 주장하잖아요. 말에게는 말의 진리가 있고, 인간에게는 인간의 진리가 있고, 인간도 개인마다 각자에게 유리한 것이 진리라고 주장하죠. 소크라테스는 절대로 변하지 않는 진리를 찾으려고 한 사람이고요."

"그래도 소크라테스는 논쟁을 너무 좋아했어. 항상 논쟁에서 이기는 기막힌 재주를 보여 주었지. 어떤 논쟁에서도 이길 수 있다는 것이 또 소피스트들의 특징 아닌가?"

"아니요, 적어도 소크라테스는 거짓을 주장해서 이기는 것은 옳지 않다고 보았죠. 소피스트들은 논쟁에서 이기기 위해서는 진실보다 오히려 거짓, 진실처럼 보이는 거짓이 훨씬 힘이 있다고 주장하죠. 사람들의 마음을 움직여 찬성표를 얻어 낼 수 있다면 진실보다 더 그럴듯하게 보이는 거짓을 주장하는 것이 좋다고 하죠. 하지만 소크라테스는 그런 거짓 논변을 싫어했어요. 오직 사실이냐, 아니냐, 진실이냐, 거짓이냐가 중요하다고 생각한 사람이에요."

"그런가? 뭐, 그럴 수도 있겠지. 하지만 소크라테스가 소피스트냐 아니냐는 사실 중요한 일이 아니야. 문제는 정치지. 게다가 그는 훌륭한 사람들을 욕보였어. 누구나 훌륭하다고 칭송하는 사람들을 하찮게 보았다고. 아, 자네하고는 나중에 또 이야기할 기회가 있겠지. 나는 바빠서 이만."

이런, 아니토스가 또 내빼는군. 하긴 그에겐 소크라테스가 소피스트와 어떻게 다른지는 중요한 문제가 아니겠지. 자신에게 해로운 사람인지 아닌지만 판단하고 그에 걸맞은 적당한 이름을 붙이는 것이 훨씬 편리할 테니까. 오히려 그가 자신에게 이로운가를 판단하는 소피스트적인 모습을 보이는군. 하긴 아니토스는 소피스트만도 못해. 소피스트들 중에는 괜찮은 이들도 많거든.

소크라테스는 용기와 정의, 언어와 교육에 대해서도 소피스트들과 많은 대화를 나누었다고 해. 프로타고라스뿐만 아니라 고르기아스, 프로디코스, 트라시마코스 등과 많은 이야기를 나누었다고 하더군. 자신은 소피스트가 아니었지만 소크라테스는 그들과 어울려 아테네의 문제를 이야기하고 나름의 해결책을 내놓으려고 했지.

소피스트들이 제기한 문제는 페리클레스의 위대한 아테네 시대와 함께 아테네의 유산이 되었어. 페르시아 전쟁에서 승리하면서 아테네는 그리스의 중심지가 되었고 정치, 경제뿐 아니라 문화적으로 커다란 번영을 누렸지. 상류층뿐 아니라 일반 시민도 정치에 적극 참여

하면서 법정에서, 회의에서 자신의 의견을 남들에게 전하고 설득하는 연설이 더욱 중요해졌고, 소피스트들이 법과 제도의 신성성에 대해 문제 제기한 것은 옳든 그르든 간에 성찰할 기회를 제공하기도 했어. 별 볼 일 없는 논쟁술에 대한 과장된 평가도 있지만 제법 중요한 것들도 있지. 논박술과 논쟁술을 거쳐 대화로써 진리에 접근해 가는 변증술도 이들에게서 출발했다고 볼 수 있으니까.

소피스트들이 제기한 수많은 문제는 결국 내가 모두 검토해야 할 대상이 되었지. 소크라테스도 해결하지 못했던 문제들이 내게 넘어오게 된 거야.

아테네에서 민주정치가 꽃피던 시기에는 누가 얼마나 연설을 잘하고 논변을 적절하게 구사하는가가 매우 중요했다. 법정에서 자신의 결백을 밝히고 상대의 문제점을 드러내어 배심원을 설득할 수 있다면 많은 것을 얻을 수 있었다. 심지어 전쟁의 성공과 패배에 대한 대중적 판정도 연설을 통해서 뒤집을 수 있었다. 정치가들은 정적을 몰아내기 위해 민회에서 대중을 상대로 어떻게 설득력 있는 연설을 해야 할지 연구해야만 했다.

따라서 아테네의 부유한 시민들은 자식들을 수사학의 대가로 키우고 싶어 했고, 자식의 교육을 담당해 줄 교사를 초빙하는 데 비용을 아끼지 않았다. 그 결과 다양한 지역에서 뛰어난 학식을 지닌 교사들이 아테네로 몰려들었다. 그들은 '지혜로운 자'라는 뜻으로 '소피스트'라 불렸다. 이전 시대의 현자들이 자연을 탐구하는 것에 관심을 보였던 데 비해 '소피스트'들은 인간의 현실, 정치와 법, 규범 같은 문제를 주로 다루었다.

소피스트 중에서 가장 유명한 이는 프로타고라스이다. 그는 진리를 상대적이라고 보고 각자에게 다른 진리가 있을 수 있다는 뜻으로 '인간은 만물의 척도이다.'라는 말을 남겼다. 대화편 『프로타고라스』에서 소크라테스와 프로타고라스가 '덕(훌륭함, 탁월함)을 가르치고 배우는 것은 가능한가'에 대해 논쟁을 벌인다. 두 사람이 대화를 나누는 것으로 설정되어 있으나 실제라고 보기는 어렵다.

또 다른 대화편 『고르기아스』에서는 연설술(수사학)의 대가로 고르기아스가 등장한다. 고르기아스는 '절대적 진리는 없고, 있다고 해도 인식할 수도, 다른 사람에게 전달할 수도 없다.'는 주장을 바탕으로 오히려 '어떤 상황에서든지 남을 설득할 수 있는 기술인 수사학'을 가르쳐 준다고 했던 소피스트이다. 연설술로 대중을 움직여 모든 것을 가질 수 있다는 고르기아스의 입장에 맞서 소크라테스는 '참된 연설이란 무엇인가, 누가 참된 정치가이며 철학자인가'에 대해 탐구한다. 결국 대중이 원하는 쾌락에 따라 아첨하거나 단지 부를 가져다주는 것을 목적으로 하는 연설술은 아첨술에 불과하다는 것이 드러나고, 참된 정치가라면 대중이 더 나은 삶을 살아가도록 이끌어야 한다고 결론을 내린다.

이외에 언어를 정확하게 사용하라고 가르쳤던 프로디코스와 '정의는 강자가 주장하는 권리에 지나지 않는다.'라고 한 트라시마코스도 소피스트이다. 프로디코스는 긍정적으로 평가받는 소피스트이지만 대부분의 소피스트들은 자신의 필요에 따라 수시로 입장을 바꾸고 남을 이기는 데만 관심을 주로 두었다고 해서 '궤변론자'라고 불리게 된다. 소피스트들의 궤변을 잘 보여 주는 대화편으로는 『소(小) 히피아스』와 『에우튀데모스』가 있다.

소피스트들의 잘못된 주장을 논박하기 위해 항상 그들과 논쟁을 벌이던 소크라테스는 일반인이 보기에는 소피스트처럼 보이지만, 불변하는 진리를 고수하고 특히 진리를 유용성에 따라 상대적으로 바꾸는 것을 비판하는 입장이라는 점에서 본질적으로 소피스트라고 보기는 어렵다. 다만 자연의 문제보다 인간의 문제에 더 깊은 관심을 가졌다는 것, 대화를 통해 진리를 찾아간다는 점에서 비슷한 문제의식을 가졌다고 할 수 있다.

그날 이후,
여행지에서 만난 사람들

소크라테스의 죽음 이후 나는 여행을 떠났지. 모든 것에서 멀어지고 싶었어. 나 자신을 보호해야 한다는 잠재의식이 작용했는지도 몰라. 어쨌든 난 몸도 마음도 너무나 지쳐서 아테네를 떠났어. 여행은 나에게 많은 것을 주었어. 세상의 여러 곳을 보았고, 거기에서 많은 사람을 만났어. 또 이전에 해결하지 못했던 문제의 실마리를 찾았지.

일단 자연 철학자들에 대해 더 많이 알게 되었어. 자연 철학자들에 대해서는 이미 아테네에 많은 것이 소개되어 있었어. 아고라(시장이자 토론이 벌어지던 광장)에서도 극장에서도 그들 책을 아주 쉽게 구할 수 있었지. 막상 여행을 하면서 보게 된 자연 철학자들의 모습은 생각보다 대단하더라고. 백문이 불여일견이랄까. 특히 파르메니데스나 피타고라스의 후예들에게 배울 것이 많았지.

'소크라테스는 몇 번의 전투에 참여한 것을 제외하고는 평생을 아테네에 머물러 살았지. 그런데 나는 이렇게 살아서 이집트와 시라쿠사까지 보게 될 줄이야. 인생이란 무엇인가? 아, 소크라테스도 여기에 함께 있을 수 있다면……. 그는 무엇이라고 말했을까?'

13년 동안 나는 많은 곳을 떠돌아다녔어. 그리스에 많은 영향을 주었던 이집트의 사제들도 만나 보았고, 소아시아의 여러 식민 도시에서 뛰어난 철학자들도 보았지. 이탈리아 주변에서는 종교와 정치가 조화를 이룬 기하학자들의 도시도 보았어.

오래전에 헤라클레이토스는 말했지.

"세상은 모든 것이 변한다. 만물은 흐른다. 산도 아주 천천히 흐르는 폭포와 같다. 영원히 고정된 것은 없고 모든 것은 변화할 뿐이다. 변하는 것에서 진리를 구하려 하지 말라."

그렇다면 우리가 알 수 있는 것은 무엇인가. 모든 것이 변한다면 나도 어제의 '나'가 아니고 내일 또 달라진다면 나는 도대체 어떻게 '나'일 수가 있다는 말인가. 이 세상에 보고 듣고 느끼는 모든 것이 다 헛된 것이라면 진리는 어디에 있는 것일까.

파르메니데스의 후예들은 세상에는 변하는 것이 없다고 했지.

"변한다는 것은 이전의 것하고는 달라진다는 말이고, 달라진다는 것은 이전의 것에서 무언가 없어지고 새로운 것이 생긴다는 것인데,

어떻게 있던 것이 없어지고 새로운 것이 생긴단 말인가. 있는 것은 여전히 있는 것이고 없는 것은 원래 없던 것이다. 있던 것이 없어지는 것처럼 보이는 것은 그저 겉으로만 그런 것이고 원래 있던 것은 절대 없어지지 않는다. 새로 생기지도 않는다. 따라서 모든 것은 하나이다."

수수께끼 같은 말이지만 논리적으로는 맞는 말이기도 하지.

이탈리아에서 만난 피타고라스의 후예들은 훌륭한 식민지를 유지하고 있었어. 그들은 종교적으로도 하나로 맺어져 있었고 항상 진리를 탐구하며 경건하게 살아가고 있었어.

"이 세상은 수로 이루어져 있다. 변함없는 수의 아름다운 체계로 세상을 바라보며 함께 살아가는 일은 아름다운 일이다. 영혼은 돌고 돌면서 영원히 사라지지 않는다."

세상은 넓었어. 그 넓은 세상을 다니며 이전에 소크라테스와 함께 고민했던 것들이 더 많은 가지를 치고 이파리가 무성해지고 뿌리도 더욱 깊이 뻗어 가기 시작했지. 소크라테스가 그다지 깊이 다루지 않은 자연의 문제를 새롭게 보는 기회이기도 했어. 변하지 않는 진리, 진정한 것들을 탐구하는 소크라테스의 노력이 결실을 맺으려면 결국 뿌리에는 진실한 것의 세계가 있어야만 한다는 결론도 얻었지. 그 같은 탐구에 기하학을 비롯하여 자연 철학은 많은 시사점을 주었어.

소크라테스가 찾아 헤매던 세상의 근원적 원리, 정신적 원천은 수학의 기하학적 원리에 의해서만 찾아지는 것이 아닐까? 세상의 근원을 물이나 공기 같은 자연적 원소에서만 근원을 찾을 것이 아니라, 그것을 기반으로 다른 것을 있게 하는 것, 눈에 보이지 않지만 모든 것의 잣대가 되고 바탕이 되는 기하학적 요소, 수학적 비율에서 찾아야 하는 건 아닐까? 그 너머 전혀 볼 수도 만질 수도 없지만 이 세상에 빛을 던져 주는 근원이 되는 세계를 조금이나마 느낄 수 있는 여행이었지.

이런저런 경험을 하고 여러 사람을 만나면서 나는 소크라테스에 대한 그리움이 더욱 간절해졌어. 그래서 소크라테스를 불러내자고 결심했지.

"그를 불러내서 여기에서 말하게 하자. 소크라테스라면 지금의 나를 이해할 것이다. 그는 분명 나에게 말해 줄 것이다. '이봐, 친구. 생각은 이런 식으로 하는 거야.'라고 충고해 줄 거야. 그의 충고를 따르자."

그래서 대화편을 쓰기 시작했지. 내가 쓴 소크라테스의 대화편이 소문이 좀 났던 모양이야. 그리스에서 여러 사람이 찾는다고 하더군. 그들은 내가 쓴 소크라테스 이야기와 다른 사람들이 쓴 이야기를 비교해 보고 싶었을 거야. 진짜 소크라테스가 어떤 사람인지 궁금했겠지. 나 역시 그랬어. 내가 알고 있는 소크라테스가 진짜인가? 내 머릿속에서 내 마음대로 만들어 낸 소크라테스는 아닌가? 어쨌든 써 보자고 생각했어. 써 놓고 보면 좀 더 객관적으로 보이겠지 하는 마음으로.

소크라테스에 대한 대화편을 쓰면서 나는 소크라테스의 가르침을 되새겨 볼 수 있었어. 젊은 날 나 역시 지적인 오만을 저질렀는지도 몰라. 소크라테스가 독배를 들 수밖에 없었던 이유가 그의 거만한 제자들에게 있다면, 그리고 기성세대와 사회에 거침없이 대항하는 겁 없고 방자한 젊은이들 때문이라면 그중에 나도 있었겠지. 한때 누구라도 대화로 제압할 수 있다고 자신하며 자만심에 가득 차서 마치 소크라테스라도 된 듯이 너 자신을 알라고 떠들고 다녔던 모습이 떠올랐어. 그것은 분명 오만이었어.

논박은 자신과 대화 상대자의 잘못된 생각을 씻어 내는 도구이지 상대방을 궁지에 몰아넣는 얄팍한 기술이어서는 안 돼. 대화를 통해서 새로운 길을 탐구해 가야지 상대방을 골리는 수단이 되면 대화는 단절되고 증오만 남을 뿐이야. 증오는 복수를 부르고 자신의 영혼을 정화할 기회마저 잃게 하지. (물론 좋은 사람들만 있었던 것은 아니다. 헛된 욕망과 쾌락이 넘쳐 나는 방종한 사람들의 도시도 있었다. 그들은 지칠 때까지 먹고 마시고 밤이면 밤마다 쾌락의 늪에 빠져들어 잠도 자지 않았다. 마치 돼지들의 도시 같았다. 생각하면 구역질이 날 것 같은 그 이야기는 다음에 하자. 일단 고향에 돌아가는 이야기를 하고 싶다.)

　나는 소크라테스가 던졌던 질문들에 대한 답을 가지고 아테네로 돌아갈 수 있었어. 그가 죽음을 통해서 증명해 보이려 했던 아름다운 세계에 대한 확증을 가지고 내 고향으로 돌아가게 된 거야. 선조들이 물려준 고향 땅에서 꿈을 펼칠 기회를 얻었어. 내가 직접 정치에 나서지는 않지만 정치 전문가들, 진정한 전문가들을 키워서 아테네와 그리스에 진정한 평화를 가져오리라고 다짐했어. 오랜 내전으로 고통 받는 내 형제들, 그리고 나의 동족들을 구원하는 길을 찾을 거야.

플라톤은 소크라테스에게서 가장 큰 영향을 받았지만 헤라클레이토스, 파르메니데스, 피타고라스 학파의 사상도 흡수했다. 사후 세계를 믿었던 오르페우스교의 영향도 적지 않다.

고정된 것이 없다는 헤라클레이토스의 사상은 『크라틸로스』나 『테아이테토스』에서 다뤄진다. 헤라클레이토스의 영향으로 플라톤은 경험 세계에 있는 것들은 끊임없이 변하고 흐르기 때문에 감각 대상들에 대한 믿음은 신뢰할 수 없다고 생각했다. 헤라클레이토스의 사상은 체계적으로 전해지는 것은 없고 잠언 형태로 짤막하게 전해 오는데, 플라톤이 청년 시절에 상당히 공감했다고 한다.

파르메니데스는 존재하는 것은 오직 사유하는 것에 기반을 둔다는 의견을 내놓은 철학자인데, 현실에서 '무(無)'란 존재하지 않으며 '운동'도 불가능하다고 주장한다. 『파르메니데스』라는 대화편에서 이데아와 관련하여 매우 중요하게 다뤄지고 있다. 플라톤이 현실보다 더 실재적인 세계로 이데아라는 것을 구상하는 데 커다란 기여를 한 철학자이다.

피타고라스 학파는 세상의 근원을 수라고 보았다. 플라톤이 수학을 매우 중시하고 기하학적 설명을 많이 제시하는 것은 피타고라스 학파의 영향으로 보인다. 『메논』에서 노예라 할지라도 산파술을 통해 수학적 진리를 깨우칠 수 있다는 것을 증명하는데, 이는 플라톤이 정신적 능력은 수학에 바탕을 둔다는 인식을 지니고 있음을 보여 준다. 『티마이오스』에서는 우주의 근본적 구성 요소로 수학적 비율과 기하학적 모형을 제시한다.

피타고라스 학파와 함께 오르페우스교는 영혼의 윤회와 사후 세계에 대한 플라톤의 믿음에 영향을 주었다고 한다. 『파이돈』이나 『국가』 같은 대화편에서 영혼의 윤회와 사후 심판론은 영혼을 보살펴야 할 중요한 근거로 제시된다.

아카데미아를 세우다

실로 오랜만에 돌아온 아테네에 옛날의 광기는 사라졌더군. 연이은 내전과 피비린내 나는 복수, 그리고 그 과정에서 사라졌던 관용의 정신이 잠시나마 돌아오고 있었어. 어쩌면 이제는 과거의 영광을 되살릴 수 없다는 체념이 자리 잡고 있어서인지도 몰라. 적어도 겉으로는 다들 서로에 대해 무관심하려고 애쓰는 듯했지.

아레오파고스 언덕의 바위에 앉아 아테네를 내려다보니 감개가 무량하더군. 거기서 나는 중얼거렸지.

"그래, 나는 정치를 멀리할 것이다. 내게 직접 정치에 뛰어들라고 하는 것은 나더러 진흙탕에 뒹구는 개가 되라고 하는 것이야. 나는 그럴 수는 없다. 정치가는 잘해야 본전이다. 인생을 제대로 살려면 철학자가 되어야 한다. 오직 철학자만이 온전한 인생을 즐기며 제대로 살 수 있다. 그들에게도 알려 주어야겠다. 나를 의심의 눈초리로 바라보는 이들에게 내가 어떻게 살고 싶은지 글을 써서 알려야겠다."

그리고 거기서 아고라를 내려다보며 생각에 잠겼지.

'젊은이들을 만나고 이야기하기 좋은 곳을 찾아보아야겠다. 아크로폴리스나 아고라보다는 좀 더 조용하고 대화를 나누기 좋은 곳이어야 한다. 그래, 아카데모스 숲이 괜찮겠다. 영웅 아카데모스의 이름을 딴 곳답게 나무가 무성하고 신성한 느낌이 드는 체력 단련장이야말로 젊은이들을 올바로 길러 내기에 제격인 곳이지. 그 옆 적당한 땅에 햇볕을 피할 수 있는 작은 강의실도 하나 마련해야겠다.'

생각이 여기까지 미치자 언덕을 내려와 아고라를 가로질러 걸었지. 사람들과 인사를 나누면서도 새로운 계획에 몰두했어.

'젊은이들과 함께 신들에게 예를 올리는 것으로 하루를 시작해야 한다. 아폴론 신과 무사 여신들을 불러내 옛 시민의 훌륭함을 찬양하고 따라 배우는 일을 소홀히 해서는 안 되는 법. 또 현관에는 이런 말도 써 두어야겠다. '기하학을 모르는 자는 이 문을 들어서지 말라.' 정신이 바르지 못한 자는 함께할 수 없는 법이니까. 수학을 제대로 익히면 눈에 보이지 않는 세계를 사색하는 힘이 자라나고 감각 너머의 세계를 파악하는 힘이 생긴다. 그래야 진정한 철학을 할 수 있는 든든한 디딤돌을 마련할 수 있게 된다.'

아카데미아 유적 아테네에 남아 있는 플라톤의 아카데미아 유적지이다.

중간에 헤파이스토스 신전을 지나치며 또 생각이 떠올랐지.

'교육은 대화라는 불길 속에서 영혼을 담금질하는 방식으로 이루어지리라. 함께 먹고 마시고 운동하고 예식을 올리는 공동체 생활 속에서 영혼을 일깨우는 대화가 아카데미아에서는 항상 울려 퍼지리라. 대화와 토론은 모든 영혼을 일깨우는 진정한 성찰의 과정이다. 결코 감각으로 알 수 없는 세계, 말로 표현할 수 없는 세계에 대한 깨달음을 지식으로 만들 수 있을까? 눈에 보이지 않고 만질 수도 없는 그런 세계를 고정된 지식 체계로 전달하고 암기하는 것이 애당초 불

가능한 것이다.'

디필론 문을 지나 숲에 도착하자 산들바람이 불어와 이마를 시원하게 해주더군.

'굳이 글로써 철학을 표현한다면 대화의 형식이 제맛이다. 요즘 유행하는 형식이기도 하지만, 무엇보다도 철학은 대화를 통해서만 구체화되고 살아난다. 오죽하면 소크라테스는 글을 전혀 쓰지 않았을까. 그는 글을 무시했다. 죽어 있다는 이유로. 죽은 것에는 살아 있는 이야기가 없으며, 생명이 없으면 사랑도, 지혜에 대한 사랑도 없다고 했지. 하지만 나는 대화의 형식을 통해서 마저 알려야 할 것들이 있다. 소크라테스가 하고 싶었던 말들이 사라지기 전에. 그의 모습을 지금처럼 제대로 남겨야 한다.'

숲에는 젊은이들이 체력 단련도 하고, 한편에서는 연애도 하고 있었지.

'다들 소크라테스의 연애담에 초점을 두고 있지만 그것은 사소한 부분에 지나지 않는다. 소크라테스의 기인 같은 모습은 재미있을지 몰라도 중요한 것이 아니다. 게다가 다들 자기가 알고 있는 소크라테스를 그리고 있다. 그러니 누군가에게는 소크라테스가 쾌락에 빠져 사는 이가 되어 버린다. 그들이 보는 소크라테스는 소크라테스의 진면목을 보여 주지는 못한다.'

젊은이들이 올리브 나무 아래에서 사랑을 속삭이는 소리가 들려오고 있었어.

'그들은 대화편이 가지는 진정한 의미도 보여 주지 못한다. 대화편은 무릇 진리로 가는 여정, 계단이 되어야 한다. 대화편에서 진리를 보여 주려고 하지 말고, 대화편을 딛고 넘어서 진리로 전진해 가도록 해야 한다. 어디를 가든 계단이 목표인 경우가 어디 있겠는가. 단지 계단은 계단일 뿐이다.'

나는 젊은이들을 향해 걸었어. 그리고 젊은이들에게 다가가 말을 붙였지.

"이봐, 친구들. 철학에 대해 한번 대화를 나누어 보는 게 어떤가? 관심 있나? 자네는 상당히 똑똑하게 생겼군. 만일 철학에 관심이 있다면 말이야, 차근차근 시작하도록 하게. 철학적 대화는 일단 짧은 것에서 시작해야 해. 길게 이야기해서 두루뭉술하게 넘어가지 말고 정확하게 뜻을 잘 정리하는 것부터 시작해야지. 기초 공사가 잘되어야 건물을 세워도 무너지는 일이 없지 않겠나. 처음에 잘못된 출발을 하면 아무리 멋진 말로 마무리해도 결국 잘못된 길로 가게 되는 거야. 그래서 나는 예전부터 특히 뜻을 정확하게 아는 것을 강조했지. 서로 대화가 되려면 정확하게 뜻을 정리하는 일이 전제되어야 하네. 아, 내가 누구냐고? 으음, 플라톤이라고 아는지 모르겠군. 응? 내 책을 읽었다고?"

다음의 작품은 플라톤이 쓴 대화편 중에서 30대 후반에서 40대 초반 초기에 쓴 것으로
보이는 대화편이다.

『소크라테스의 변론』: 소크라테스의 모습을 가장 잘 그리고 있다는 평가를 받는 대화
편.

『크리톤』: 소크라테스가 왜 살 수 있는 기회를 버리고 굳이 죽음을 선택하는가에 대
해 친구 크리톤에게 말하는 형식으로 쓰인 대화편.

『라케스』: '용기'란 무엇인가를 탐구하는 대화편.

『카르미데스』: '절제'란 무엇인가를 탐구하는 대화편.

『에우티프론』: '경건'이란 무엇인가를 탐구하는 대화편. 경건의 의미를 묻는 에우티프
론과 소크라테스의 대화는 결국 결론을 내지 못하고 끝난다.

『소(小) 히피아스』: 일부러 나쁜 짓을 저지르는 것이 모르고 저지르는 것보다 더 선하
다는 이상한 결론이 나오는 대화편.

『이온』: 시에 대한 대화편. 호메로스의 계승자를 자처하는 이온과 소크라테스가 대화
를 나눈다.

『뤼시스』: '우정'이란 무엇인가를 탐구하는 대화편.

2장

통념에
대항하다

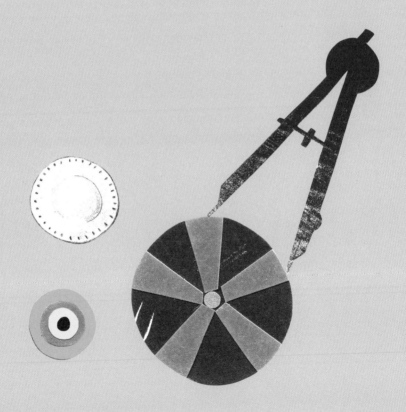

아테네인들이 생각하는 덕

내가 아카데모스에 정착한 것은 마흔이 좀 넘었을 때였어. 아카데모스의 거룩한 올리브 숲에서 그늘을 찾아 거닐며 젊은이들과 어깨를 나란히 하고 걷노라면 인동 덩굴과 포플러의 반짝이는 잎사귀에서 향기가 번져 나오곤 했지.

나는 거기서 젊은이들과 통념에 대해 이야기를 나누곤 했어. 통념이란 사람들이 흔히 지니고 있는 생각인데 확실하게 검토되지 않는 것들이야. 다들 별 생각 없이 받아들이는 의견인데, 그래서 문제지. 대부분의 아테네인이 아무렇지도 않게 생각하는 것들, 바로 거기에서 모든 문제가 시작된 거야.

아카데미아의 하루는 이런 문제에 대한 토론으로 시작되곤 했지.

"이봐, 친구들. 우리 아테네인들은 자신들이 무엇이든지 잘 알고 있다고 생각하는 경향이 있어. 그중에서도 용기에 대해선 개인적 경험이 많아서 더 그렇지. 자네들도 그렇지 않나? 이제까지 수없는 전투를 치루면서 무엇보다도 용기에 대해서는 다들 잘 알고 있다고 생각할 거야. 죽음과 굶주림, 공포, 강력한 적들에 맞서 싸우는 경험에서 이미 다들 용사가 되었으니 당연히 용기에 대해 할 말이 많고 당연히 자신이 알고 있다고 믿겠지. 그래서 남들에게도 충분히 가르칠 수 있다고 생각하지만 진짜 용기가 무엇인지 정말 알고 있는 걸까?"

"글쎄요, 플라톤. 용기는 누구나 알 수 있는 쉬운 덕목 아닙니까? 전투에 참여해 본 자라면 누구나 알 수 있지요. 특히 우리 그리스인들은 전투에서 전형을 아주 중요하게 생각하지요. 그러니 자신의 위치를 지키지 않는 사람 때문에 어느 한 자리라도 적에게 무너지면 전투에서 지게 됩니다. 따라서 어떠한 경우에도 자신의 위치를 끝까지 지켜 내는 것이 용기 아닐까요?"

"옳은 말이네. 하지만 가끔은 자신의 자리를 벗어나도 잘 싸우는 사람이 있지. 게다가 일부러 후퇴하는 척하면서 적을 유인하여 물리치는 경우도 있으니 자리를 지키는 것이 용기의 절대적 기준은 아니지. 그리고 용기란 전쟁에서만 필요한 것은 아니지 않은가? 내가 설명을 잘 못했나 보군. 다시 자세히 말해 볼까? 질병에 대해서나 굶주림 또는 정치적 문제, 심지어 즐거움과 욕망, 두려움에 대해서조차 적용할 수 있는, 언제 어느 경우든지 합당한 용기에 대해 말해 보세."

"그런 경우라면 용기란 정신적 인내와 같은 것이 아닐까요? 어떤 어려움도 이겨 내고 정신적으로 견뎌 내는 것을 용기라 할 수 있을 것 같은데요."

"으음, 그럼 이런 경우는 어떨까? 일단 용기는 좋은 것 중에 하나라는 것은 다들 동의하지? 그럼, 정신적 인내가 용기라면 말이야, 언제든지 좋은 것이라고 해야겠지? 정신적으로 인내하는 것에 혹시라도 좋지 않은 것이 있다면, 좀 문제가 되지 않겠어? 용기란 좋은 것인데 말이야. 그런 경우는 없을까?"

"문제가 있긴 하군요. 어리석은 인내도 있으니까요. 전쟁터에서 잘못 판단해서 적을 앞에 두고도 공격 명령을 무작정 기다리기만 한다면 그건 어리석은 인내이지요. 어리석은 것은 좋은 것이라고 할 수가 없고요."

"그렇다네. 헤엄칠 줄도 모르면서 두려움을 견디고 폭풍우 치는 바닷속에 뛰어들려고 한다면 그건 정말 어리석은 일이지, 용기라고 할 수는 없을 걸세."

"그럼, 용기는 그런 것을 제대로 분별할 줄 아는 지혜라고 해야겠군요. 곧 닥쳐올 위험에 당연히 두려움을 느끼지만 그에 대한 적절한 해결책을 가지고 견디는 지혜로운 행위가 용기 아닐까요?"

"미래에 대한 두려움과 적절한 소망에 대한 지혜가 용기라고 하는 것 같은데, 좀 더 검토해 보세. 우리가 미래를 두려워하는 것은 나쁜 것에 대해서고, 소망하는 것은 좋은 것에 대해서겠지? 그렇다면 우리는 미래에 대해 잘 알게 되는 것, 지혜를 용기라고 하는 것이고? 자, 그럼 무엇인가를 잘 안다는 것은 말이야, 주로 미래만을 의미하는 것이 아니라 미래, 현재, 과거에 다 걸쳐 있는 것 아닌가?"

"무슨 말씀이신지?"

"그러니까 의학에 능통한 의사는 과거, 현재, 미래에 걸쳐 병이 어떻게 진행되는지 잘 알아야 능통하다고 하겠지? 농사에 대해 잘 아는 사람도 마찬가지일 테고?"

"그렇지요. 보통 능통하다, 잘 안다는 것은 그런 것을 의미하지요."

"그럼, 용기는 주로 미래에만 관련되는 것인가, 아니면 과거나 현재와도 관련되는 것인가?"

"용기도 과거와 현재, 미래와 모두 관련이 있겠지요."

"그렇다면 말일세, 도대체 용기의 정체가 무엇이란 말인가? 미래에 일어날 일에 대하여 좋은 것과 나쁜 것을 모두 알고 있을 뿐만 아니라, 현재, 과거의 모든 것에 대해서 좋은 것과 나쁜 것을 다 아는 지혜라면 이건 정말 신적인 지혜가 아닌가? 그렇다면 용기는 지혜, 그 자체란 말인가? 이전에 우리는 분명히 용기는 절제나 정의처럼 좋은 덕목 중 하나라고 했는데, 이제는 좋은 것 자체가 되어 버렸으니, 이게 무슨 조화란 말인가?"

"저도 모르겠네요. 도대체 어디서부터 뒤죽박죽되어 버렸을까요?"

"어쨌든 하나는 건졌네. 분별력 있는 인내는 좋은 것이라고 우리 모두가 동의했으니 이제 답을 구할 때까지 인내심을 보여 주는 일만

남았구먼."

"예, 인내심을 가지고 다시 시작해 보도록 하지요."

아카데미아의 하루는 이렇게 흘러가곤 했지. 누구나 알고 있다고 생각하는 용기도 뜻을 제대로 알려면 어려운 법이야. 하지만 어렵다고 제대로 뜻을 알려고 하지도 않고 이러니저러니 이야기하는 것은 정말 어리석은 일이야. 다들 알지 못하는 것에 대해 떠드는 것이잖아. 마치 코끼리는 본 적도 없는 사람들끼리 코끼리는 부채 같다는 둥, 거대한 기둥이라는 둥, 무슨 거대한 뼈다귀라는 둥 같은 것을 이야기하는 것 같지만 결국은 다른 이야기이고 아무런 결론이 날 수가 없어.

더 중요한 사실은 단지 코끼리 따위의 문제가 아니라 우리가 살아가는 데 정말 중요한 것들에 대해서 그렇다는 거야. 정말 중요한 것들, 그러니까 신에 대한 태도, 어떻게 신을 섬길 것인가, 즉 경건이라는 문제는 도시 국가의 안전을 위해서도 정말 중요한 문제 아니겠어? 그런 중요한 종교 문제에 대해 다들 생각이 달라서 결국 누군가 신에게 잘못했다면, 즉 불경스런 말이나 행동을 했다면 우리는 모두 전염병으로 죽게 된다고 다들 믿고 있잖아. 그게 진실인지 아닌지는 둘째 치고 그런 문제를 잘못 판단하게 되면 적어도 한두 사람은 다치게 되지. 아낙사고라스가 그랬고 소크라테스가 그랬지. 소크라테스가 불경죄로 고소된 상황이 바로 그런 무지 때문에 일어난 일 아닌가.

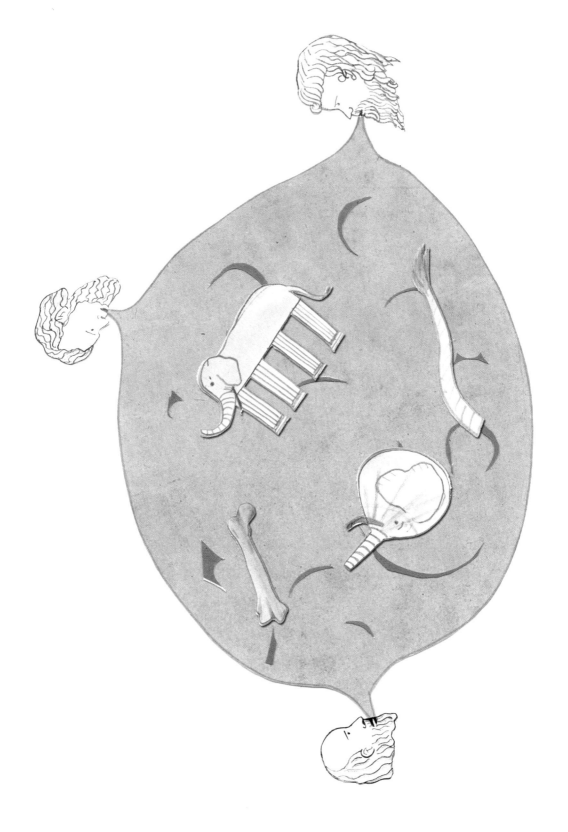

이처럼 사소해 보이지만 중요한 일이 생각을 검토하는 것이었지. 사람들이 흔히 하는 말들이지만 주의를 기울이지 않는 것들에 대해 제대로 검토하는 것은 소피스트들의 궤변에 휘둘리지 않기 위해서도 필요한 일이었어. 그리고 이에 대한 검토야말로 그리스를 이끌어 갈 아카데미아의 인재들에게 꼭 필요한 교육 과정이었지. 제대로 알아야 나중에 도시 국가를 잘 이끌어 갈 수 있을 테니 말이야.

앞서 살펴보았던 초기 대화편 중에서 『라케스』, 『카르미데스』, 『에우티프론』, 『뤼시스』 등은 각각 용기, 절제, 경건, 우정이란 무엇인가에 대해 탐구하는 대화편들이다. 소크라테스가 거리에서 사람들을 붙잡고 캐묻던 광경을 그대로 옮긴 듯한 이야기이다. 여기에는 '캐묻지 않은 삶은 살 가치가 없다'던 소크라테스의 문답법이 잘 드러나 있다. 이런 문답법은 아카데미아에서도 중요하게 다루어졌을 것이다. 진리를 찾아가기 위한 기초로서 기존의 생각을 철저하게 검토하는 것에서 출발해야 하기 때문이다.

문답법은 올바른 정의를 찾기 위해 잘못된 의견을 검토하는 논박의 과정과 스스로 진리를 찾아가는 산파술의 과정을 거친다. 이 대화편들은 잘못된 견해를 검토하는 과정에서 끝나는데 이를 '아포리아'라고 부른다. '모르겠다'면서 이전의 견해가 잘못되었다는 것만은 확실하다는 결론을 내리는 것이다.

정답이 있어야 하는 사람에게는 불친절한 결말일 것이다. 하지만 실제 우리 삶엔 잘못된 답을 마치 정답으로 여기는 경우도 많다. 그런 잘못된 답에서 벗어나려면 조금 어렵더라도 스스로 자신의 신념에 대해 검증해 보는 것이 필요하지 않을까? 그러면 적어도 잘못된 답에 자신의 인생을 맡기는 헛수고는 막을 수 있지 않을까?

디오니시우스 1세와 만나다

자꾸 나에게 디오니시우스 1세와 어떤 일이 있었는지 묻는 사람들이 있더군. 사실 그 일은 떠올리기도 싫은데, 워낙 궁금해하니 이야기하지 않고는 그냥 넘어갈 수가 없군.

그러니까 내가 소크라테스를 잃고 해외를 떠돌아다니던 시절의 막바지였어. 이미 피타고라스 학파의 공동체도 보고 아카데미아를 운영할 아이디어도 얻은 때였지. 이탈리아 남부의 그리스 식민지들을 돌아보다 시칠리아의 시라쿠사까지 가게 되었지. 거기서 디오니시우스를 만났어.

시라쿠사의 최고 권력자였던 디오니시우스는 자신이 돋보이길 원했던 모양이야. 그래서 유명한 철학자와 예술가들을 불러 모으려고 애를 쓰고 있었어. 그러던 중에 몇 편 안 되지만 대화편으로 유명세를 얻고 있었던 내가 왔다는 소식을 듣고 나를 보고 싶어 했나 봐. 그런데 사실 난 좀 떨떠름했지. 왜냐하면 당시 시라쿠사 분위기는 영내 취향이 아니었거든. 무조건 흥청망청 마시고 놀고…… 아주 가관이었어. 게다가 맛있는 음식을 폭식하는 것이 최고의 행복이라고 생각할 정도였으니 그 수준을 알 만했지. 그런 곳에서, 뭐 별 볼 일이 있을 리 없잖아?

원래 디오니시우스는 시라쿠사를 외적의 침입에서 구해 낸 훌륭한 군주였다고 해. 그런데 나이가 들면서 누구도 신뢰하지 못하는 늙은 독재자로 변했지. 심지어 자신의 아들도 믿지 못해서 방에 들어올 때는 알몸 심사를 해서 아무런 무기가 없다는 것을 확인한 후에야 들여보냈다지 뭐야. 이발사가 머리를 자르는 것도 불안해서 숯으로 머리카락을 끊어 내게 했대. 그런 사람이 나를 보자고 하니 썩 내킬 리 없었지.

디온이 부탁하지 않았다면 아마 만나지 않았을 거야. 디온은 매우 총명하고 잘생긴 젊은이였어. 그가 시라쿠사를 이끌었다면 정말 잘 다스렸을 거야. 디온은 디오니시우스가 나를 만나면 자신처럼 많은 변화가 있을 거라고 생각해서 만남을 주선한 거야. 늙은 군주에게 뭔가 변화가 생겼으면 하는 디온의 바람대로 나는 인간의 영혼에 대한 이야기를 했지.

"의심 많은 영혼은 사실 용기가 없는 영혼입니다. 참주의 영혼은 용기 없고 불행한 영혼입니다. 오직 정의로운 자만이 어떤 상황에서도 두려움 없이 행복할 수 있습니다."

디오니시우스가 물었어.

"그대는 대체 무슨 생각으로 시라쿠사에 왔는가?"

내가 말했지.

"훌륭한 인물을 만나 보러 왔습니다."

"그렇다면 이미 만나고 있는 것 아닌가?"

"글쎄요, 아직은 만나지 못한 것이 확실합니다."

어째 분위기가 이상하게 흘러가 버렸지. 결국 디온이 나를 데리고 나왔어. 그런데 디온의 그런 수고에도 불구하고 나는 곤경에 처해 버렸어. 디오니시우스가 나를 노예로 팔아 버린 거야. 시라쿠사를 빠져나와 황급히 아테네로 돌아가려고 탄 배에서 난데없이 노예 상인에게 팔려 가는 신세가 되었지. 나중에 들은 바로는 디오니시우스가 화가 나서 펄펄 뛰며 말했다더군.

"플라톤은 정의롭고 훌륭한 인물이니 아무리 어려운 상황에서도 두려움 없이 행복할 것이다. 노예가 되어서도 행복하겠지. 노예로 팔아 버려라."

물론 나는 노예로 팔려 가는 신세가 되어서도 그다지 두려워하지는 않았어. 인간의 영혼은 훨씬 자유롭고 고귀한 것이라는 사실을 소크라테스에게서 배웠거든. 신의 가호가 함께했는지 좋은 사람의 도움을 받아 아테네로 돌아올 수 있었지.

파이드로스 또는 필레보스 2세기경에 쓴 파이드로스 또는 필레보스 대화편 필사본이다.(베를린 노이에스 박물관 소장)

어쨌든 이 이야기에서도 뭔가 교훈을 찾을 수 있어. 사실 디오니시우스는 나에게 그렇게 화를 낼 필요가 없었어. 단지 그와 나는 오해가 있었을 뿐이야. 바로 훌륭한 것에 대한 생각이 서로 달랐을 뿐이니까. 그가 생각하는 훌륭함은 명예와 권위, 그리고 권력과 부를 한 손에 쥐고 남의 생사까지 쥐락펴락하는 것이었겠지. 하지만 내가 생각하는 훌륭함은 그런 것이 전혀 아니었어. 그래서 나는 훌륭한 사람을 만나지 못했다고 말한 거야.

결국 모든 인간다운 훌륭한 행동들에 대해 이야기를 하려면 바로 무엇을 훌륭하다고 하는지를 분명하게 정리해야 한다는 것을 알겠지? 어떤 종류의 훌륭한 행위든지 결국은 훌륭하고 좋은 것이 무엇인지 먼저 정확하게 정리하지 않고는 제대로 된 이야기를 할 수 없어. 뭐가 그렇게 어렵냐고? 이봐, 훌륭한 것이나 좋은 것이 무엇인지 말할 수 있다고 해서 그걸 잘 알고 있다고 할 수는 없는 거야. 단지 좋은 것들에 대해 나열하는 것으로 잘 알고 있다고 할 수는 없어.

예를 들어 사랑이 뭘까? 흔히 사람들은 사랑에 대해 말해 보라면 부모님의 사랑, 연인 간의 사랑, 형제간의 사랑, 친구 간의 사랑, 동물에 대한 사랑 등을 말하지. 그런데 그런 행위들을 정말 사랑이라고 말할 수 있는 공통점은 과연 무엇일까? 또 어떤 부모는 자식을 사랑하는 행동이, 사랑이 아니라 자식에 대한 지배와 구속이 되는 경우도 있지? 그런 경우에 사랑이라고 할 수 없는 이유는 무엇일까? 어떤 행위를 사랑이라고 부를 수 있는 것일까?

다른 예를 들어 볼까? 동그란 수박도 있고 기다란 수박도 있다면 둘 다 수박이게 하는 것은 무엇이지? 겉모양에 줄무늬가 있는 것? 그럼 줄무늬가 없는 수박은 없을까? 그런 것도 있긴 하지. 그렇다면 속이 빨갛고 씨가 있는 것? 그럼 씨 없는 수박은 수박인가, 아닌가? 이렇게 단순해 보이는 과일에서도 그 과일의 과일다운 것을 찾는 것은 쉬운 일이 아니야.

그러니 인간적인 훌륭함을 이야기할 때는 무엇이 훌륭한지에 대한

절대적 기준이 필요하겠지. 단지 아이다움, 어른
다움, 부모다움, 자식다움, 시민다움이라고
이야기하기 전에 그것이 무엇에 기초하는지를
밝혀야만 해. 제대로 만드는 구두 수선공이 있고,
제대로 치료하는 의사가 있고, 제대로 싸우는 장군이 있다면 이들 모
두에게 공통된 것, 바로 제대로 할 줄 안다는 것이겠지.

모든 인간이 가진 좋은 것들을 총괄해서 우리 그리스인들은 '아레
테'라고 하지. 바로 그 아레테에 대해 제대로 이야기해 보자고.
훌륭한 인간 교육을 할 수 있다면, 어떻게 가능한지를 말하기
전에 먼저 훌륭한 것이 무엇인지를 분명하게 밝혀야 하는 거
야. 훌륭한 것이 무엇인지도 모르면서 어떻게 가르치는 게
가능하겠어?

소크라테스는 이 훌륭함을 알아내기 위해 평생을
살았지. 이 사람 저 사람에게 물어보기도 하고
스스로 탐구하기도 했어. 하지만 그는 어떤
결론도 내릴 수가 없었어. 단지 그런
아레테가 있는 것이 분명하다고

믿었을 뿐이야. 바로 거기에서 시작해야 해. 소크라테스가 말했던 그 아레테가 무엇인지 밝히는 일, 그것을 밝히려면 필요한 것들을 정리하고 그에 근거해서 제대로 진리를 찾아내는 것이 바로 내가 할 일이지. 그리고 그것만이 바로 아테네를 구하는 길이야.

지금 아테네인들은 부와 명예, 그리고 쾌락과 영광을 누릴 수 있기를 바라지. 그건 제대로 된 아레테가 아니야. 타락이지. 마찬가지로 디오니시우스에게서도 단지 참주의 모습을 발견할 수 있었을 뿐 훌륭함은 발견할 수 없었어.

플라톤은 우연한 기회에 시라쿠사를 여행하게 되었고 거기에서 전형적인 참주 디오니시우스 1세를 만나게 된다. 참주란 불법적인 방법으로 통치권을 장악한 독재자이다. 플라톤의 시대에는 왕이 다스리는 왕정, 귀족이 중심이 된 귀족정, 소수 부자가 다스리는 과두정, 다수 대중의 선출로 대표를 뽑는 민주정 등이 있었고 이런 정체가 혼합된 경우도 있었다.

그런데 정당하지 않은 방식으로 권력을 장악한 독재자가 대중의 강력한 지지를 받기도 하는 정치가 있었으니 참주정이다. 참주는 국가의 위기에 등장하여 전권을 위임받고 모두의 안전을 지킨다는 명목으로 권력을 마음대로 행사한다. 모두의 안전을 위한다고 하지만 결국은 자신의 치부를 위해 몰래 재산을 빼돌리고 정적을 제거하기 위해 음모와 암살도 서슴지 않는 비열한 모습을 보이기도 한다. 드물게 민주정으로 이행하는 역할도 하지만 대체로 부정적 평가를 받았다.

플라톤은 『파이드로스』에서 인간의 영혼을 아홉 등급으로 나누고 소피스트와 선동정치가 다음으로 맨 아래 참주를 두었다. 『국가』에서는 왕도적 통치자에 따른 정체, 다수의 최선자 정체와 명예 지상주의의 귀족정, 돈을 최고로 여기는 부자들의 과두정, 그리고 자유와 방종이 뒤섞인 대중의 민주정, 마지막으로 법을 무시하고 오직 한 사람이 권력을 쥐고 자신의 욕망을 충족시키는 참주정이 차례로 나타난다고 했다.

참주 입장에서 훌륭하다고 여기는 것은 아마도 강자의 권력, 절대적 힘일 것이다. 플라톤은 그런 동물적 탐욕과 힘은 인간적 훌륭함과 정반대라고 생각했을 것이고, 그러한 이유로 디오니시우스 1세가 원하던 대답을 해 줄 수가 없었을 것이다.

아테네는 제대로
가고 있는가

아테네는 제대로 가고 있는 것일까? 흔히 우리는 배가 부르고 등 따뜻하면 모든 것이 다 해결된 것처럼 여기는데 과연 아테네는 제대로 가고 있는 것일까? 많은 사람이 아테네의 영광을 위해서 죽었고 지금도 그것을 위해 애를 쓰지만 과연 아테네의 영광이라는 것은 무엇일까? 누구를 위한 것일까?

일찍이 아테네를 그리스의 학교라 칭하고 그리스 최고의 위치에 올려놓았다는 페리클레스가 과연 아테네를 제대로 이끌었을까? 나는 그것이 의문스러워. 남들은 페리클레스가 펠로폰네소스 동맹에 맞서 아테네를 지켰고 진정 아테네를 올바른 길로 이끈 위대한 정치가라고 하지만 내가 보기에는 많은 문제점이 있었어. 무슨 말이냐고?

기원전 430년에 있었던 페리클레스의 추도 연설을 한번 보자고. 내가 태어난 무렵의 일이기는 한데, 워낙 유명한 연설인데다가 소크라테스가 잘 기억하고 여러 번 이야기해 준 덕에 잘 알고 있지. 당시 페리클레스의 연설은 매우 감동적이어서 많은 이들이 기억하고 있고 투키디데스가 기록한 것도 남아 있어. 페리클레스는 전쟁터에서 죽어간 아테네인들을 위한 추모 연설을 하면서 단지 그들을 찬양하고 기리는 데 그치지 않고 아테네의 강력한 힘을 노래했어. 전쟁터에서 죽어간 이들이 아테네의 영광과 강력한 힘, 그리고 민주정체를 위해서 고결하게 싸웠다고 했지.

　　무엇보다도 모든 이들에게 평등한 기회를 주는 민주정체는 진실로 능력 있는 자들을 선출하여 사회에 기여하게 하는 제도로 아테네 시민이면 누구나 위대한 유산을 함께할 자격이 있다고 주장했어. 아테네는 헬라스(그리스)의 학교로서 모든 도시 국가의 위에 있으며 민주정체로서 가장 강력한 힘을 가지게 되었다고 했어. 그리고 이 힘은 앞으로도 고결한 시민들에 의해 유지되고 발전할 것이라 단언했지.

　　페리클레스의 연설을 들었던 소크라테스가 내게 말하더군.

　　"너무나 멋진 그의 말에 취해서 3일 동안이나 정신이 몽롱할 지경이었어, 플라톤. 페리클레스의 연설을 들으니 그저 평범한 시민에 지나지 않는 나 자신도 마치 위대한 영웅이 된 듯 착각이 들지 뭐야. 전쟁미망인들은 추도 연설을 마치고 내려오는 페리클레스에게 마치 올림픽 영웅에게 주듯이 꽃다발을 한아름 안겼다고."

페리클레스 흉상 그리스 시대의 작품을 본따 로마 시대에 대리석으로 만든 페리클레스의 흉상이다.(로마 바티칸 박물관 소장)

　하지만 페리클레스의 연설은 제대로 된 말이 아니야. 말이란 진실을 위한 것이지. 진실을 말하지 않는 것은 아무리 달콤하고 그럴듯해도 좋은 연설이라고 할 수 없어. 그의 연설은 인간을 도덕적으로 더 낮게 만드는 올바른 말이 아니었어. 단지 사람들을 설득하기 위해서 교묘한 수사법으로 속인 것에 불과해. 듣기에는 황홀하지만 페리클레스의 연설은 사람들을 속인 거야. 사람들에게 국가에 헌신하라고, 자신을 내던지면 영웅이 된다고 자신을 대단한 존재로 착각하도록 교묘히 속삭였지. 그렇다면 시민 병사들은 누구를 위해서 싸운 것일까? 그리고 미망인들과 자식들을 돌보고 교육도 책임지겠다고 했는데 그런다고 해서 정말 도덕적인 전쟁이 될까?

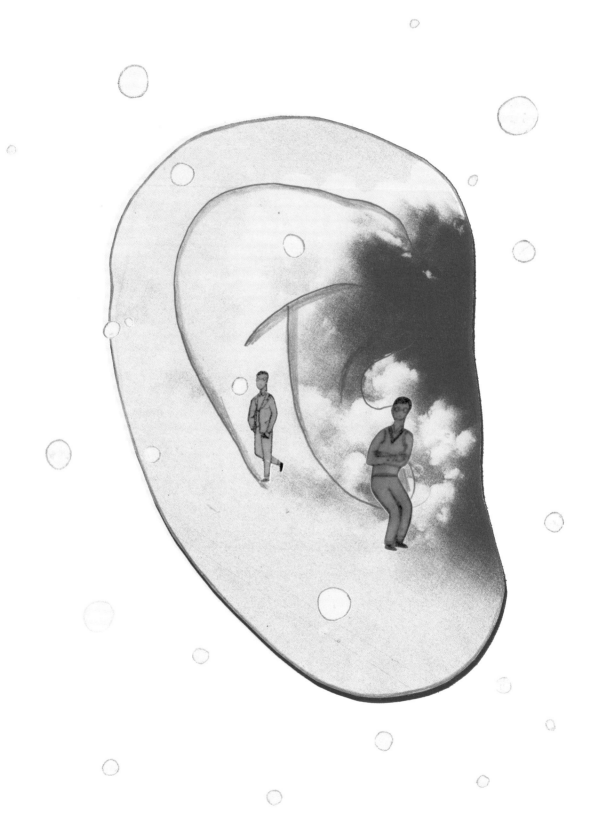

페리클레스는 아테네의 강력한 군사력을 위해서 자신을 희생하는 사람들을 위대하다고, 선하다고, 유능하다고 말했어. 하지만 군사력은 원래 자신을 방어하기 위해 만들어진 수단이어야 해. 그리고 남을 정복하는 전쟁은 평화를 파괴하는 참혹한 것이지, 아름다운 희생이 아니야. 다른 민족과 싸우는 것은 우리를 지키기 위해서 어쩔 수 없는 경우에만 정당해. 남의 땅에 욕심을 부려서 제국을 확장하려는 침략은 해서는 안 될 짓이야.

더군다나 같은 민족인 그리스의 다른 도시 국가와 벌이는 전쟁은 스스로를 방어하기 위한 것이 아니라면 해서는 안 될 일이지. 같은 조상을 섬기고 같은 말을 쓰고 같은 신을 섬기는 이들끼리는 혹시라도 다툼이 벌어져도 금방 화해할 수 있잖아. 그렇게 해결할 수 있는 것들을 오직 복수로 해결해야만 하고, 피로 갚는 것이 남자답다고 주장하는 사람들은 이미 이성이 마비되었다고 할 수 있지.

결국 페리클레스가 말하는 영광되고 힘 있는 아테네는 다른 나라를 무참하게 짓밟을 때만 가능한 폭력의 영광이었어. 항상 남들을 지배하기 위해서는 긴장을 늦출 수가 없었고 계속 싸울 수밖에 없었으며 옳지 못한 전쟁도 무자비하게 이끌어야 제국의 위상을 유지할 수 있었지. 남보다 앞서고 우월한 위치에 서고 싶은 욕망을 자극하는 지도자는 많은 사람을 죽음으로 이끌게 되는 거야. 사람들의 명예욕을 자극해서 전쟁 기계로 내모는 지도자가 되는 것이지.

그러다 보니 자유를 지키기 위해서 전쟁을 하는 것이 아니라 전쟁에서 이길 때만이 자유롭다고 하는 말이 나올 수밖에. 오직 힘만이 정의와 자유를 보장한다는 거야. 그래서 정의로운 가치가 있어서 지키는 것이 아니라 하고 싶은 것을 하기 위해 무자비한 폭력을 휘두르고 힘만 있으면 정의와 자유의 편이라고 합리화하는 게 가능하다는 말을 내뱉는 선동가들이 판을 치게 되지.

그나마도 판단력이 있고 신중한 편이며 다른 이들에게 공정하게 대할 줄 알았던 페리클레스가 죽고 나자 정치는 오직 말만 번지르르한 자들이 독점하게 되었어. 클레온, 클레오폰과 칼리클레스 같은 선동가들은 그저 사람들의 비위를 맞춰 생각 없이 전쟁을 일으키는 데 열중했어. 시민들도 곧 찾아올 영광스런 승리의 예감에 도취되어 부도덕한 전쟁, 법을 어기는 행위들을 전혀 개의치 않고 저질렀지.

그 와중에 소크라테스와 친분이 있던 알키비아데스도 그 무리에 끼어 정치적 영광을 얻고자 동분서주하며 시칠리아 대원정을 기획했다가 실패했어. 그리고 자신의 이익을 위해서 아테네를 두 번이나 배신했지. 그 결과 아테네는 인구의 3분의 1을 잃게 되었어. 결정적 승리에 대한 탐욕은 재앙으로 끝나고 말았지. 전쟁은 정말 참혹해.

우리 모두는 선동가들에 눈이 멀어 눈이 있어도 진실을 보지 못한 장님들이었어. 오직 소크라테스만이 도시 국가에는 힘이 아닌 정의가 필요하다고 외쳤지. 무릇 정치가들이란 평화와 행복, 정의와 절제의 진정한 지킴이가 되어야 해. 사람들이 원하는 듣기 좋은 말을 하는 것이 아니라 때로는 사람들이 듣기 싫어하는 말이라도 올바른 삶에 도움이 되는 충고를 할 줄 알아야 한다고. 쾌락을 무조건 좋은 것이라 하면서 다수가 박수치는 말만 늘어놓으며 사람들을 타락시키는 정치가 아니라 진정 올바른 삶을 이끌어서 사람들이 잘 살게 하는 정치가가 필요한 때야.

플라톤의 초기 대화편 『메넥세노스』에는 소크라테스가 등장하여 페리클레스의 추도 연설을 패러디한다. 이 대화편은 문답법을 사용하지 않고 추도 연설이라는 방식으로 페리클레스가 지닌 자유주의, 제국주의적 가치관의 문제점을 지적한다. 그리고 힘과 부에 대한 열망이 아닌, 정의와 도덕에 대한 진실한 추구를 대안으로 제시한다.

페리클레스는 아테네의 민주정을 이끈 대표적 정치가로 아테네가 그리스에서 가장 강력한 국가임을 보여 주는 데 온 힘을 쏟은 인물이다. 또한 대중의 비판적 능력을 믿고 그에 바탕을 둔 민주주의를 구현했다. 페리클레스 주위에는 소피스트들이 많았는데 그 영향인지 그의 뛰어난 웅변 속에는 상대주의적 사상이 드러나곤 했다. 그는 관습이나 종교의 영향에서 많이 벗어나 있었고 대중의 힘을 잘 이용하는 노련한 정치가였다.

페리클레스는 대중의 영향력을 활용하기 위해 시민이 민회에 참석하면 수당을 받게 해 주었다. 이에 소크라테스는 페리클레스가 정치를 돈으로 타락시켰다고 비판한다. 소크라테스의 의견처럼 민주정치의 문제점 중 하나는 대중의 욕망을 따르다 보면 부도덕한 일도 다수결의 이름으로 정당화되는 경우가 생긴다는 것이다. 게다가 대중들 스스로 자신들의 정치라는 주술에 걸려 자기들이 결정하는 모든 것을 정당화하기도 한다. 눈앞에 벌어지는 일에 급급해 진실을 외면한 채 다 같이 감정에 휩쓸리게 되면 애국이라는 이름으로 광란의 전쟁을 벌이기도 한다. 안타깝게도 그런 일은 현대 사회에서도 종종 일어난다.

플라톤은 『고르기아스』에서 수사술의 문제점을 다시 지적한다. 수사술이란 마치 대단한 기술 같지만 사실 사람들의 환심을 사서 자기의 욕망을 채우기 위한 나쁜 방법에 지나지 않는다는 것을 밝힌다. 정말 중요한 것은 얼마나 잘 설득하는가보다 무엇을 위해

설득해야 하는가라고 플라톤은 주장한다. 그래서 플라톤은 페리클레스가 대중의 잘못된 욕망을 채워 주는 그럴듯한 아첨술(웅변술)로 사람들을 망가뜨렸다고 본다.

하지만 페리클레스에 대한 플라톤의 비판은 자신의 귀족주의적 정치를 합리화하고, 과거 혈통사회로의 회귀를 목적으로 하는 것이라는 의견도 있다. 은밀한 의도를 가지고 민주주의의 교과서라고 할 만한 페리클레스의 연설에 대해 딴죽을 걸고 있다는 것이다.

『알키비아데스』는 '인간의 본질에 관하여'라는 부제가 달려 있다. 알키비아데스가 자신을 돌보지도 못하면서 정치에 입문하려는 것을 비판하는 대화편이다. 알키비아데스와 소크라테스의 친밀한 관계가 잘 드러나 있는 대화편으로 혼의 아름다움을 가꾸어야 한다고 말하는 소크라테스와 그에 수긍하는 알키비아데스의 모습을 그리고 있다.

사랑에 대한 한 말씀,
플라토닉 러브

만날 심각한 이야기만 하니 재미가 좀 없군. 이쯤에서 누구나 관심 있는 이야기를 해 볼까? 사실 사랑이란 달짝지근하니 누구나 한번은 관심을 가져 보는 주제지. 게다가 당시 아테네에는 사랑에 대한 이야기가 많았어. 아테네에 대한 사랑에서부터 전사들 간의 우정, 남녀 간의 사랑, 미소년과 청년들의 만남 모두가 흥미로운 이야깃거리야.

특히 나의 슈퍼스타 소크라테스는 수많은 미소년과 추억을 만들었지. 그 스스로 연애에는 소질이 있다고 밝힐 정도였으니까. 항상 자신은 알고 있는 것이 없다고 주장해 놓고도 한 가지 잘 아는 것이 있으니, 바로 '연애만은 능통했다.'고 농담을 하곤 했어. 그와 함께 나누었던 이야기들이 떠오르는군.

어느 날 잔치가 열렸어. 아테네는 원래 신들과 관련된 축제가 늘 열렸지. 게다가 그날은 비극 경연대회에서 우승한 자를 축하하는 떠들썩한 날이었을 거야. 경연대회 우승자는 미남이었지. 많은 이들이 그의 집에서 떠들썩한 축하연을 벌였어. 포도주를 물에 타서 마시며 웃고 떠들었지.

흔히 그런 날에는 이야기를 많이 나누는데 그날의 주제는 사랑이었어. 누군가 사랑의 신 에로스는 마땅히 찬미 받을 만하다고 했지. 그랬더니 누군가 말했지.

"누구라도 그렇겠지만 미소년을 외면할 남자는 거의 없을 거야. 다들 알겠지만 천상의 고귀한 사랑은 지상의 육체적 사랑과 비교해서 훨씬 뛰어나다고 할 수 있잖아. 남녀 간의 사랑이란 지상의 사랑이라고 할 수 있어. 그에 비해 이제 막 지성이 싹트고 여물어 가는 소년에 대한 사랑은 천상의 사랑으로, 고귀한 길로 가는 첫걸음이지."

그러자 누군가 신화적인 이야기를 덧붙였어.

"이런저런 사랑이 사실은 인간의 본성에서 나온 것이라네. 인간은 원래 팔이 네 개, 다리가 네 개에다 머리가 두 개 달린 공처럼 생겼지. 어디를 다닐 때도 급하면 공처럼 떼구루루 굴러다니던 족속이었어. 그런데 워낙 생명력이 강한데다가 건방지고 방정맞아서 신에게 대항하는 일이 벌어진 거야. 그러자 신들이

꼴사납다고 반으로 쪼개어 버렸는데 쪼개진 조각들이 자기 짝을 찾는 것이 인간의 사랑이야. 좀 심한 애들은 자기 조각을 찾으면 밥도 안 먹고 그저 함께 있으려고만 하다 보니 원래보다 훨씬 힘이 약해져서 신들이 다루기에 훨씬 쉬워졌대. 그런데 이 조각들이 원래 남자와 남자로 이루어진 경우도 있고, 여자와 여자, 남자와 여자로 이루어진 경우들이 있어서 각자의 방식으로 짝을 찾느라고 분주해진 거야."

재미있는 이야기이지. 하지만 소크라테스는 좀 더 흥미로운 이야기를 하고 싶어 했어.

"그런데 사랑이란 좀 더 깊이 생각할 가치가 있다네. 사랑의 신, 에로스를 흔히 아름다울 것이라고 말하던데, 나는 적어도 아름답지는 않을 거라고 보네."

"아니, 사랑의 신, 에로스가 아름답지 않다면 누가 아름다울 수 있단 말입니까? 누구보다도 아름다운 것을 사랑하는 신이 어째서 그렇지요?"

누군가 목소리를 높였지.

소크라테스의 대답은 이랬어.

"사람들이 좋아하는 것을 살펴보게. 자기에게 있는 것을 원하는 사람은 없다네. 자신에게 없거나 부족한 것을 누구나 갖기 원하지. 결국 갖고자 하는 것은 정작 자기 자신에게는 없는 것들이라고 할 수 있네. 그렇지 않은가?"

"거기까지는 동의하겠습니다만……."

"우리가 말한 대로 에로스가 무언가를 원한다면, 그건 자신에게 없는 것 아니겠는가? 그런데 우리는 에로스가 아름다움을 원한다고 했으니 에로스에게는 아름다움이 없기 때문이 아닌가?"

"그럴듯하기도 하고, 이상하기도 하군요."

"이상한가? 사실 에로스는 못생긴 것도 아니야. 아름답지 않다고 해서 꼭 못생겨야 하는 것은 아니지 않은가. 에로스는 중간에 존재하지. 아름다움에서만 그런 것이 아니라 지혜를 따져 볼 때도 그렇다네. 행복에 대해서도 중간에 존재한다네. 그건 에로스의 출생에서 비롯된 비밀이야. 원래 에로스는 아무것도 가지지 못한 가난한 여신 페니아가 모든 것에서 풍요로운 신 포로스가 술에 취했을 때 몰래 접근해서 낳은 정령이라네."

"아니 아프로디테에게서 태어난 것이 아니란 말입니까?"

"흔히 그렇게 알고 있지만 디오티마가 알려 준 비밀은 다르다네. 페니아가 아프로디테의 시중을 들었을 때에 일어난 일이어서 아프로디테를 따른 것이지 사실은 가난의 신과 풍요의 신 사이에서 태어난 것이라는군. 어쨌거나 에로스는 항상 부족함을 느끼지. 그래서 누군가의 사랑을 원하고 가진 자를 질투하는 거야. 사랑을 얻기 위해, 굶주린 자가 먹을 것을 구하기 위해 갖가지 계략을 짜는 것처럼 온갖 수법을 동원하지. 바로 아버지의 모습이라네. 행복이나 아름다움도 그렇게 구한다네. 그런데 그것을 얻고 나면 금방 또 손에서 빠져나가 버리는 거야. 이건 어머니의 흔적이지. 이렇게 풍요와 빈곤이 항상 맞물리며 나타나는 거라네."

"흔히 사랑을 얻기 전까지 그렇게 조바심치다가 사랑을 얻으면 금방 싫증내는 것이 그래서 그런 거군요."

"그렇지. 게다가 에로스는 아름다움을 원하는 존재 아닌가. 그리고 지혜는 아름다운 것의 하나지. 에로스는 신적인 지혜를 갈구하나 금방 자기 손에서 사라지기 때문에 지혜를 끝없이 얻고자 한다네. 그것은 완전한 무지도 아니지. 사실 정말 무지한 자는 자신이 무지하다는 것을 모르기 때문에 새로운 것, 지혜를 알려고도 하지 않는다네. 완벽한 지혜, 신적인 지혜를 지닌 자도 이미 다 알고 있기 때문에 더 이상 지혜를 추구하지도 않지. 그러니 에로스가 지혜를 사랑하는 존재가 된 것은 완전히 무지한 자도 아니요, 완전한 지혜를 가진 자도 아니기 때문에 가능한 것이라네. 중간자이기 때문에 자신에게 없는 것을 간절히 소망하게 되고 자신에게 없는 것이 무엇인지도 알고 그걸 원하는 것도 가능해진 것이지."

"그렇군요. 에로스가 어떻게 지혜를 사랑하는 신이 되었는지 알겠습니다. 지혜를 사랑하는 철학자에게 에로스가 어떤 의미인지도요. 그런데 육체적인 사랑과 지혜에 대한 사랑이 동시에 나타난다는 게 좀 어색하기도 하군요."

"그게 왜 어색한가? 이러한 에로스의 모습이 바로 우리가 진리에 다가가는 과정을 보여 주는 건데? 사랑을 잘 연구하면 인생의 진리가 보인다네. 알기 쉽게 말해 줄 테니 잘 들어 봐. 흔히 사람들은 한 여인이나 남자를 사랑하지. 대개 그들은 미인이거나 미남이야. 잘생긴 사람 싫어하는 경우는 없지. 그런데 그런 잘생긴 사람도 말이야, 자주 보면 좀 질린다고. 그리고 취향이 바뀌기도 하고, 세월이 흔적을 남기기도 해. 그러다 보면 잘생긴 것에도 어떤 공통점이 있다는 걸 알게 되지. 그런 공통점이 무엇인지 아는 것이 바로 육체적 미에 대한 안목이 생기는 거라네.

게다가 그와 같이 겉으로 드러나는 미의 요소는 어디서 나오는 것일까 생각하다 보면 겉모습보다 더 중요한 내면적 매력이라고 할까, 그런 것에까지 눈을 돌리게 된다네. 다양한 신체에서 다양한 아름다움을 제각각 느끼는 즐거움을 알게 되면 사람마다 다른 개성과 인격에서 그리고 정신적 특성에서도 다양한 아름다움을 발견하게 되지. 특히 쉽게 변하는 육체적 아름다움에서 느낄 수 없는 정신적 아름다움을 한번 알게 되면 사람이 이전과는 달라지게 마련이라네.

신체적 아름다움에서 정신적 아름다움으로 옮아가며 정신적인 면에 눈을 뜨게 되면 좀 더 높은 단계로 나아갈 수 있지. 사랑은 이렇게 어떤 단계를 따라가면서 더 높은 경지로 올라가는 거야. 그러다 보면 진정한 아름다움이 어디서 비롯되는지 알게 되는데, 그 단계에서는 밥 먹는 것도 잊어버릴 만큼 오직 그 아름다움을 살피는 데만 마음을 두게 된다네."

"사랑을 통해서 그렇게 높이 올라갈 수가 있군요. 사랑은 단지 육체적 아름다움과 우정에 대한 것이라고만 생각했는데요, 대단히 중

향연 아가톤(가운데)을 축하하기 위해 모인 자리에, 초대 받지도 않은 알키비아데스가 취한 채 들어온 장면이다. 오른쪽에 흰 옷을 입고 등을 돌리고 앉은 이가 소크라테스다. 독일 화가 안젤름 포이어바흐의 1873년 작품이다.(베를린 국립 미술관 소장)

요한 변화를 불러오는군요."

"사랑은 거기에서 끝나는 것이 아니라네. 우리가 사랑을 하는 또 다른 이유는 불멸에 대한 욕구 때문이지."

"인간이 불멸을 원하는 것은 자신에게 불멸이 없기 때문이겠지요? 언젠가 죽을 수밖에 없는 존재, 유한한 존재인 인간은 자신에게 없는 영원한 삶을 원하는 것이 당연하겠지요. 그런데 그것이 사랑과 어떻게 연결되는 것인가요?"

"자네 말처럼 유한한 존재인 인간은 불멸을 원한다네. 그래서 육체적 생명을 연장하기 위해 결혼을 하고 자식을 낳는 것이지. 무슨 말인지 알겠는가? 자신은 죽지만 자신을 대신할 육체를 만들어 내는 것이지. 그런데 육체적 사랑은 정신적 사랑으로 이어진다고 하지 않았는가? 바로 자신이 사랑하는 사람들의 마음에 자신의 정신, 영혼을 불어넣는 일에 사람들은 마음을 쓰게 된다네. 자신의 연인, 자신이 사랑하는 가족, 주위 사람들에게 자신의 정신적 영향을 남기고 싶어 하고 멋진 것을 보여 주고 싶어 한다네.

그래서 에로스란 좋은 것을 자신의 안에 만들어 내고 간직하려는 행위, 육체적 정신적으로 아름다운 것을 생산하려는 행위로 나타난다네. 유한한 존재인 인간은 영원한 것을 원하기 때문에 불멸에 대한 욕망에서 자신의 자손을 낳아 육체를 영원히 보존하려는 것이고 자신의 정신을 영원히 남겨 놓으려 한다네. 그래서 유명한 장인이며 시인들, 도시 국가의 건설자들이 탄생하는 것이고 지금도 그 이름을 빛내며 많은 이들의 부러움을 사는 것이지."

소크라테스의 이야기는 끝이 없었지. 다들 소크라테스의 이야기에 감탄하며 밤늦도록 포도주를 기울였어. 그날 비극 경연대회의 우승자는 진정 소크라테스인 것 같았지.

이런, 사랑에 대한 달짝지근한 이야기로 분위기를 좀 바꾸어 보려 했는데 또 어려운 이야기들을 늘어놓았군. 그래도 한마디 더 하지 않을 수가 없군. 사랑에 빠진 사람은 마음이라는 마차를 두 마리 말이 끌고 있다는 점을 명심하게. 한 마리는 지혜롭고 절제 있으며 민첩하고 정신적인 고귀함을 지니고 있지만, 다른 한 마리는 오직 욕망에 충실하고 둔하고 힘만 세며 고집 센 말이라네. 이 두 마리가 마음이라는 마차를 동시에 끄는 형세가 사랑이라고 할 수 있네.

만일 자네가 누군가를 사랑하게 되었다면 어느 말의 기운이 더 셀 것 같은가? 어느 쪽에 이끌리겠는가? 솔직하게 말해 보게. 사랑을 해 보았다면 알 걸세. 아마도 고집 센 말이 이끄는 대로 갈 수밖에 없지 않을까? 만일 그렇다면 자네들, 사랑하는 두 사람은 두 마리 망나니가 되는 것일세. 사랑에 빠진 이들이 제정신이 아닌 것처럼 보이는 이유가 바로 육체적 욕망이 정신적 신중함을 억누르고 제멋대로 행동하기 때문이네.

진정한 사랑은 헛된 욕망을 절제하고 기다릴 줄 아는 지혜가 필요하네. 그리하여 두 사람의 영혼이 천상의 세계로 날아갈 수 있는 날개를 돋게 하는 과정이 되어야 한다네. 자네도 두 마리 말을 잘 이끌기 바라네.

『향연』은 소크라테스가 아가톤의 집에서 함께 즐기는 이야기이다. 아가톤이 비극 경연대회에서 우승한 기념으로 사람들이 모여서 밤새 즐긴다. 주제는 사랑. 당시의 유명한 미소년들도 등장한다. 특히 마지막에는 알키비아데스가 소크라테스에 대한 영원한 사랑을 맹세하는 장면도 나온다. 어찌나 취했는지 다들 횡설수설하다 정신없이 자고 있을 때 오직 소크라테스만이 마지막까지 깨어 있다가 새벽 어스름 속으로 사라진다.

그리스에서는 지금도 밤늦게까지 사람들이 대화를 즐긴다. 보통 9시 무렵에 저녁을 먹기 시작해서 두세 시간 먹고 마시고 즐기다 새벽이 되어서야 사람들이 집으로 돌아가는 분위기이다. 그리스인들은 술 마시는 것을 좋아한다기보다는 모여서 대화하는 것을 즐긴다. 수천 년 전이나 지금이나 수다를 사랑한다. 물론 심각한 토론만 하는 것이 아니라 와자지껄 떠들고 웃으며 한쪽에서는 음악을 연주하며 함께 즐긴다.

이런 떠들썩한 분위기에서 철학을 생활의 일부로 즐기던 그리스인들의 모습은 고요한 강가의 산책에서도 철학적 사색으로 표현된다. 『향연』의 아름답고 흥미로운 사랑 이야기만큼이나 짜임새 있게 전개되는 『파이드로스』에서도 사랑은 철학적 사색의 주제로 등장한다. 파이드로스와 소크라테스가 일리소스 강가의 풀밭과 플라타너스 아래를 거닐면서 맨발바닥에 닿는 물의 감촉을 느끼며 사랑과 수사학, 인간의 영혼에 대한 대화를 나눈다. 어쩌면 『파이드로스』는 플라톤 자신의 경험을 담은 것인시도 모른나.

제대로 알고 제대로 사랑하기 위해 필요한 것은?

지금까지 우리가 살아가면서 알아야 할 덕목과 사랑에 대해 말해 왔는데, 이는 모두 무엇인가와 관련되어 있지. 바로 좋은 것들이야. 어떤 사람들은 이것이 좋고 저것이 좋다는 것은 이해가 되는데 '좋은 것'이라는 것도 따로 있느냐는 질문을 하더군. 그런 사람은 생각하는 연습을 좀 더 열심히 할 필요가 있어. 머리는 단지 투구를 쓰기 위해 있는 것이 아니잖아.

너무 어렵나 보군. 그럼 예를 들어 보지. 앞서 사랑에 대한 이야기를 나누었지만 이번에도 사랑과 관련해 생각해 보자고. 사랑하는 사람이 다른 누군가를 좋아하면 보내야 할까, 말아야 할까? 보내는 것도 사랑이요, 붙잡아 두는 것도 사랑이라고 한다면 정반대의 상황에서 어떻게 똑같은 사랑이라는 말을 할 수 있을까? 바로 여기에 정반대의 것을 똑같이 사랑이라고 일컫게 하는 공통점이 있는 거야. 여기까지는 이해가 되지? 그런데 이 공통된 사랑을 어떻게 너도 알고 나도 알고 그도 알게 될까?

그냥 다 아는 것 아니냐고? 그래, 살다 보면 누가 굳이 가르쳐 주지 않아도 누구나 다 알 수 있지. 그런데 어떻게 이런 것들을 다 알게 될까? 누군가 꽃을 선물하는 것을 사랑이라고 하고, 엄마가 아이에게 먹을 것을 주는 것을 사랑이라고 하며, 누군가의 집 앞에서 간절히 기다리고 서 있는 것을 사랑이라고 한다는 것도 보고 들었겠지. 그렇게 사랑이라는 것을 알게 되었을 텐데, 그런데 말이야, 무시무시한 전장에서 두려움에 떨다가도 누군가 자신을 보고 있다는 생각에 죽을힘을 다해서 용감하게 싸우는 것도 사랑이라는 사실은 어떻게 알게 될까? 생전 처음 겪는 상황에서 사랑이라는 것을 도대체 어떻게 알 수 있는 것일까?

혹시 이전에 우리가 사랑이 무엇인지 알고 있다가 잊어버렸던 것은 아닐까? 이미 잘 알고 있던 것을 살면서 하나씩 기억해 내는 것이 아닐까?

다른 예를 들어 볼까? 이번에는 수학으로 한번 생각해 보자고. 여러분 모두 삼각형이 무엇인지 잘 알고 있을 거야. 직접 그려 보라고 해도 다들 잘 그리겠지. 또 사각형도 알 것이고, 오각형이나 육각형도 잘 그릴 수 있을 거야. 그런데 백각형은 어떤 모양일까? 그려 볼 수 있겠어? 멋지게 그릴 자신은 없다고? 그리려면 잘 그릴 수도 있겠지. 그래, 여러분의 수학적 능력을 믿어 주지. 그런데 말이야. 이전에 백각형을 그려 본 적 있어? 아마 대부분 없을 거야. 있는 사람이……. 그런데 그려 본 적도 없고 한 번도 본 적 없는 백각형을 어떻게 알게 되었지? 천각형은?

그러니까 한 번도 본 적 없는 것을 어떻게 머릿속에 떠올릴 수 있을까? 신기하지 않아? 본 적도 없는데 알고 있다니. 여러분은 수학의 천재가 아닐까? 여러분이 천재 기질이 있으니까 조금 더 이야기해 보자고. 여러분은 원에 대해서도 잘 알고 있을 거야. 원은 중심의 한 점으로부터 일정한 거리에 있는 점들의 집합이라는 정의도 들어 보았을 거야. 물론 잘 그리겠지. 대충 그려서 좀 찌그러진 것이나 밥그릇을 대고 그린 것이나 컴퍼스로 정확하게 그린 것 모두 원에 속한다는 것도 알 거야, 그렇지? 그런데 그중에서 어떤 것이 더 정확한 원일까? 별것을 다 묻는다고? 그래, 하지만 돌다리도 두드려 보고 건너라고 했듯이 천천히 잘 생각하고 대답해 봐.

동그랗게 그려진 것일수록 정확한 원이겠지? 그리고 항상 두 개 이상의 원을 비교해서 그중에서 좀 더 원에 가까운 것을 말할 수 있을 거야. 좀 더 정확하게 말하면 원의 정의에 가까운, 즉 중심으로부터 거리가 정확하게 같은 선으로 이어진 것이 정확한 원일 거야, 그렇지? 그런데 그런 원에서도 무엇이 더 원에 가까운 것인지 알기 위해서 원의 정의를 한번 생각해 보자고. 원의 정의는 중심에서 일정한 거리를 두고 이어진 점들의 집합이라고 했지? 그런데 잘 생각해 봐.

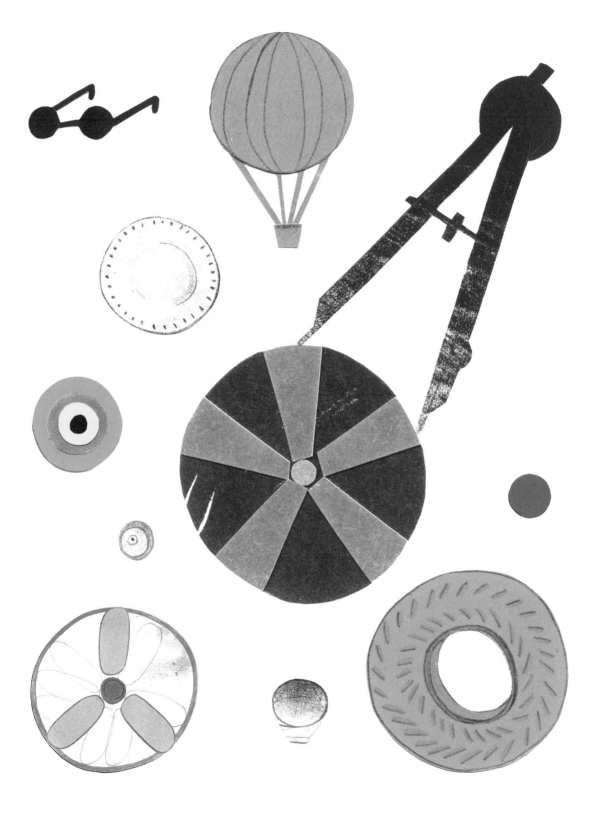

점은 얼마나 큰 것인지, 아니면 작은 것인지. 무슨 말이냐고? 도형에서 점은 크기가 있는 것일까? 점이란 일정한 위치만 있고 크기는 없는 거야. 여러분이 흔히 생각하는 점은 사실 까만 원에 가깝지. 점을 그런 까만 원으로 대신했을 뿐 점은 크기가 없는 거야. 그렇지? 이해가 잘 안 되나 보군. 그럼 이렇게 생각해 봐.

우리는 점을 까만 점, 아주 작은 까만 원으로 찍는다. 그런데 그것을 점점 더 작게 만든다. 마음속으로 그려 봐. 아주 작게 만들어서 결국은 아예 크기를 없앤다. 다만 그 위치만 존재한다. 이렇게 생각해 보면 점은 본래대로 크기마저 없어지고 집합을 이룬 선들의 굵기도 사라지겠지? (사실 점들은 크기가 0이고 선들은 점들의 연속이니까 $0+0+0+0+\cdots\cdots 0$이어야 하지. 그런데 여러분은 선을 0이 아닌 것으로 생각하잖아.) 이제 여러분의 머릿속에서 원을 다시 만들어 봐. 크기가 없는 점을 상상한다. 그 크기가 없는 점들이 연속해서 하나의 원을 만든다. 그 원에서 여러분이 생각하는 선의 굵기를 제거한다. 자꾸 머릿속에 나타나는 선의 굵기, 까만색의 띠를 없애고 오직 순수하게 크기가 없는 점들의 연속을 상상한다. 점점 가늘어지는 까만 선이 마침내 사라지고 오직 그 흔적만이 있는 원을 생각한다.

자, 이제 여러분은 여러분의 경험으로 알고 있던 원에서 벗어나 순전히 정의에 따라 만들어진 원을 찾아낸 거야. 여러분은 이전에 이런 원을 생각해 본 적이 있나? 없다고? 그런데 이런 걸 이해하다니, 정말 대단하군. 확실히 여러분은 수학 천재야. 여러분의 친구들도 모두 이 사실을 알게 되었다면 정말 대단한 재능을 가진 거야. 그런데 어떻게 여러분이나 친구들은 이전에 한 번도 본 적이 없는 것을 알게 되었을까? 또 여러분은 내가 여러분과 같은 원을 생각하고 있다는 것을 어떻게 확신할 수 있지?

이런 궁금증에 대한 대답으로 그리스인들의 신화를 알려 주지. 그리스인들은 이 세상에 오기 전에 어딘가에서 살고 있었다고 믿었어. 그리고 그곳에서는 모든 것을 알고 있었지. 그 세상은 모든 것이 완벽한 곳이었어. 그곳에서 이 세상으로 오는 동안 문제가 발생한 거야. 이 세상과 저 세상 사이에는 강이 하나 흐르고 있어. 그 강은 목마를 때쯤 나타나는 강인데 그 강물을 마시면 이전의 기억들이 희미해지지. 그래서 그 강의 이름이 레테야(그리스어로 레테는 망각, 잊어버린다는 뜻이다). 그 물을 마시고 희미해진 기억으로 이 세상에 와서 살다 보면 조금씩 기억이 되살아나지. 그렇게 기억이 되살아나는 것을 상기, 즉 '알레테이아'라고 해. 그리스어로 알레테이아, 곧 진리는 새롭게 만들어지거나 찾아지는 것이 아니라 '상기'하는 것이지.

바로 이 상기설이 조금 전에 떠오른 놀라운 궁금증에 대한 답이야. 우리는 사실 다 알고 있었던 것을 잠시 잊었다가 이제 막 기억해 낸 거야. 내가 조금 도와주자 여러분이 이전에 완벽했던 원에 대한 기억을 떠올린 것이지. 그러니 여러분과 나는 저 세상에서 확실한 진리들을 알고 있었던 거야. 그 진리의 세계에 있는 것들을 나는 이데아라고 부르지. 여러분과 나는 결국 영원하고 완벽한 진리의 세계에서 이데아를 함께 알고 있다가 이 세상으로 영혼이 옮겨 오는 중에 조금씩 잊어버린 것을 이제 다시 알게 된 거야. 우리의 영혼은 영원히 사라지지 않아. 다만 이리저리 옮겨 다닐 뿐이지.

이 세상은 이데아의 모방에 불과해. 이데아의 완벽한 원을 모방한 이 세상의 다양한 원이 있는 것이지. 원본이 있는 곳은 이데아의 세계야. 그 이데아의 세계에 가 보았느냐고? 그럼, 당연히 거기에 있었으니까 여러분과 내가 원에 대한 이야기를 서로 나눌 수 있었지. 여러분도 거기에 있었던 거야. 그걸 실제로 본 적이 있느냐고? 아니, 그건 아니지. 이데아의 세계는 눈에 보이는 세계가 아니야.

조금 전에 이야기한 원을 잘 생각해 봐. 원의 정의에 따른 원의 이데아는 눈에 보이지 않아. 심지어 머릿속에서 상상해서 그리는 원도 이데아의 원은 아니야. 이데아는 감각으로 알 수 없는 세상이야. 감각 너머의 것, 즉 정신으로만 알 수 있는데, 그것이 없으면 이 세상은 존재할 수도 없어.

무슨 말이냐고? 생각해 봐, 이 세상에 둥근 것은 도대체 무엇을 기준으로 해서 생겼을까? 우리가 보는 무수히 많은 원은 다 무엇을 기준으로 한 것일까? 그냥 저절로 생길 수도 있겠지. 하지만 인간이 만들어 내는 많은 것들을 생각해 봐. 장인이 구두를 만들 때 아무 생각 없이 만들지는 않을 거야. 분명히 어떤 생각을 가지고 만들겠지. 좋은 구두의 본은 어떤 것일까, 잘 생각하고 그것을 목표로 해서 만들 거야. 그냥 가죽을 자르고 붙인다고 해서 구두가 만들어지는 것은 아닐 테니까. 집을 지을 때도 악기를 만들 때도 마찬가지야. 좋은 본보기를 모르는 상태에서 좋은 집을 짓는다거나 악기를 만드는 것 자체가 불가능한 일 아니겠어?

결국 이데아를 본으로 해서 이 세상의 것들이 존재할 수밖에 없는 거야. 원래 눈으로 보고 귀로 듣고 입으로 맛을 보고 하는 이 감각적인 세상은 끊임없이 변하는 세계지. 그래서 조금 전까지 존재하던 그 어느 것도 항상 똑같을 수가 없어. 그런데도 우리는 그것을 같은 것이라고 생각하지. 그 까닭은 오직 이 세상의 모든 것이 영원히 변하지 않는 이데아와 연관을 맺고 있기 때문이야. 그것들은 아주 조금 연관을 맺거나 아주 많이 연관되어 이데아를 모방하기 때문에 그나마 우리가 조금이라도 고정된 상을 가지고 살 수 있는 거야. 온갖 사물들도 이데아와 연결되어 있지 않으면 형태를 유지할 수 없지.

좀 어려운가? 하지만 이것을 이해하지 못하면 제대로 잘 사는 것이 불가능해. 불완전하고 부족한 것에서 저절로 좋은 것으로 나아가는 일은 없거든. 선하고 아름다운 삶을 모르고 악당들의 삶만 본다면, 어떤 삶이 좋은지 알고 선택하고 애쓰면서 살아가겠어? 완전하고 제대로 된 것을 알아야만, 이데아의 삶을 상기해 내야만 좋은 삶을 누릴 수 있는 거야. 그러니 좀 어렵더라도 다시 한 번 차분히 생각해 보라고.

이렇게 전생에 보았던 것을 기억하는 일을 흔히 '상기'라고 하지. 그리고 이런 원본들을 '이데아'라고 부르고. 이데아를 기억하려면 일단 이데아를 본 영혼이 돌고 돌아야 해. 바로 영혼은 영원히 사라지지 않고 윤회하는 것이니까. 어떤 이는 바람 부는 날 영혼이 산산이 흩어져 버릴까 봐 걱정하기도 하지만, 영혼은 생각보다 훨씬 견고한 존재야.

사라지고 변하는 육체의 세계는 믿을 수 없지만 언제나 변하지 않는 순수한 지성으로 인식할 수 있는 이데아의 세계는 오직 순수한 영혼으로만 알 수 있지. 그 영혼은 이데아의 세계에서 본 것들을 지니고 영원히 윤회하며 살아가는 거야.

이 육체의 감옥을 벗어나서 이데아의 저 세상에 가서 순수한 영혼과 영원한 진리를 함께하는 것은 소크라테스가 참으로 원하던 것이었지. 그래서 그는 그날 그렇게 담담하게, 기뻐하며 죽을 수 있었을 거야. 이런, 또 소크라테스가 그립군.

플라톤은 『파이돈』에서 영혼의 불멸에 대해 논하고 있다. 그의 '이데아'는 상기설과 영혼 불멸설로 뒷받침된다. 어떻게 배우지 않고도 무엇인가를 아는가, 그것은 오직 영혼에 새겨진 것들을 기억해 내는 것들이라는 '상기설'은 『메논』에서 제기된 적이 있다. 그 상기의 대상이 어딘가에 영원히 불멸하는 존재로 있다는 '이데아설'은 『파이돈』에서 영혼 불멸설과 쌍으로 나타난다.

『파이돈』에서는 『향연』이 지니는 삶의 유쾌함보다는 죽음이 지니는 경건함이 두드러진다. 소크라테스는 전혀 죽음을 두려워하지 않는데, 죽음이 오히려 축복이라고 여기고 있기 때문이다. 육체의 감옥에서 벗어나 순수한 진리를 관조하기 좋은 순수한 영혼으로 옮아 가는 것은 진리를 사랑하는 철학자들의 오랜 바람이라는 것이다.

아테네인들의 통념을 비판하고 영혼을 돌보라고 조언하는 플라톤의 조언이 소크라테스와 다른 점이 있다면, 플라톤은 절대적 기준을 제시한다는 것이다. 소크라테스가 진리에 대해 토론하면서 답을 모른다고 하는 것과 달리 플라톤은 『파이돈』에서 소크라테스의 입을 빌려 답이 있다고 한다. 바로 현실 세계 너머의 이데아가 확고부동한 답이다.

현대인들은 물질세계의 확고함을 믿지, 어딘가 또 다른 이데아가 실재한다고 생각하지는 않는다. 하지만 인간의 사고 과정을 검토해 보면 이데아 이론은 참으로 그럴듯하게 들린다. 사람들이 한 번도 본 적 없는 이상적인 것을 상상하며 서로 의사소통하는 것이 어떻게 가능한가에 대해 매우 설득력 있는 개념인 것은 틀림없다.

3장

하늘에 떠 있는 거대한 성채, 국가

인간은 절대 반지의 유혹에서
벗어날 수 있는가?

난 가끔 인간들을 시험해 보고 싶은 생각이 들어. 겉으로 보기에는 저렇게 멀쩡해 보이는 사람들이 속으로는 무슨 생각들을 하고 있을까? 정말로 저들은 자신들의 말처럼 도덕적이고 국가를 위해 희생하고 헌신할 사람들일까? 혹시 남들을 의식해서 체면 때문에 혹은 자신에게 이익이 되기 때문에 남에게 베푸는 척하는 건 아닐까? 가끔 의심스러운 생각이 들어.

만일 말이야. 여기 반지가 하나 있어. 이 반지를 끼면 누구도 알아볼 수 없는 투명인간이 되는 거야. 그러면 남들이 어떻게 볼까 걱정하면서 행동할 필요가 없겠지. 그래서 자기 마음 내키는 대로 해도 전혀 문제가 생기지 않을뿐더러 자신에게 유리하게 다 조작할 수 있어. 그렇다면 그 반지의 주인은 반지를 남을 위해서 사용할까? 아니

면 자신이 원하는 모든 것을 하기 위해 거침없이 악행을 저지르게 될
까?

　작은형 글라우콘이 해 준 이야기야.

　"'기게스'라는 양치기 이야기가 있단다. 플라톤. 어느 날 큰 비가
내리고 지진이 일어나면서 땅이 갈라졌어. 그 틈으로 내려간 기게스
는 작은 창이 달린 거대한 청동 말을 발견했지. 그 안에 어떤 거인의
시체가 있었는데 금반지를 끼고 있더래. 그 반지를 빼들고 땅 위로
올라온 기게스는 어느 날 우연히 반지를 끼면 투명인간이 된다는 사
실을 알게 되었지. 기게스는 그 힘을 이용하여 왕비를 자기편으로 만
들고 왕을 암살한 후 나라를 차지했어.

　플라톤, 만일 그런 반지가 두 개가 있어서 하나는 선한 사람이, 하
나는 악인이 끼었다고 가정해 보자. 과연 그 둘은 다르게 행동할까?
아무에게도 들키지 않고 자신이 원하는 것을 가질 수 있고, 아무나
마음대로 죽이고 죄인도 마음대로 풀어 주는 마치 신처럼 행동할 수
있다면, 두 사람은 처음에는 선한 사람이든 악한 사람이든 나중에는
같은 행동을 하게 되지 않을까?

　사람들이 정의로운 행동을 하는 것은 나쁜 짓을 할 수 있는 힘이
없기 때문이지, 결코 정의로워서 그런 것은 아닐 거야. 자기 마음대
로 할 수 있는 자유가 주어졌는데도 남의 것에 손대지 않는다면 그건
바보 같은 짓이라고 생각하지. 물론 겉으로는 자기가 당할까 봐 서로

속이며 공개적으로는 착한 사람이라고 칭찬할 거야.

　좀 더 극단적인 이야기를 해 볼까? 사람들이 두 가지 중 어느 것을 선택할 것인지 살펴보자고. 가장 올바른 사람과 가장 악한 사람을 비교해 보는 거야. 가장 악한 자는 대단한 능력을 지니고 있어서 부정한 방법으로 생활하면서도 절대 들통 나지 않는다고 가정해 보자. 실제로는 아주 나쁜 짓을 저지르면서도 자신은 누구 못지않게 올바르다는 평을 듣고 있어. 혹시 들통 나더라도 뛰어난 언변으로 사람들을 설득하고 친구들을 동원하거나 재물을 이용해서 다 제압할 수 있는 능력이 있어. 그래서 누구보다 올바른 것처럼 보이게 할 수 있지.

　반대로 아주 정의로운 사람이지만 남들에게는 의롭지 않은 사람으로 보인다고 가정해 보자. 실제로는 올바른 사람이지만 어쩌다 아주 나쁜 사람이라는 평을 듣게 되었어. 그런데도 그는 자신의 평판에 개의치 않고 죽을 때까지 변함없이 올바르게 살아가지. 하지만 사람들이 그의 나쁜 평판만을 근거로 그를 고문하고 감옥에 가두고, 그는 결국에는 죽임을 당하지. 자, 그럼 이 두 사람 중 누가 더 행복한 것일까?"

　이 이야기처럼 현실에서는 실제로 불의한 자이지만, 겉으로는 올바르게 보이는 자들이 결국 국가를 통치하고, 자신들이 원하는 집안과 결혼하고, 자신들이 원하는 거래를 성사시켜. 무엇보다 그들은 거리낌 없이 불의를 저지르기 때문에 힘들이지 않고 이득을 보고, 경쟁에서 쉽게 상대를 제압해 부자가 되고, 자기편을 많이 만들고, 신들에게 더 많은 제물을 바쳐서 과시하곤 해.

　이런 이야기에 큰형 아데이만토스도 한마디 했어.

　"사람들이 정의를 편들고 불의를 비난하는 태도를 보이는 것이 꼭 악하게 살아야 행복해지기 때문이 아닐 수도 있어. 글라우콘이 제시한 두 사람 중에서 누구를 선택할지 뻔하기는 하지만, 사람들은 그런 이유 때문이 아니라 다른 이유로도 정의로운 자가 되어야 한다고 충고를 하지.

바로 정의가 가져다주는 좋은 평판을 높이 사는 거야. 정의로운 자라는 평판은 그들에게 높은 관직과 좋은 가문과의 혼인을 비롯해 온갖 혜택을 안겨다 줘. 정의로운 자에게는 신들이 좋은 것을 아낌없이 선물한다고도 하지. 살아서 뿐만 아니라 죽은 뒤에도 저승에서 긴 의자에 기대어 머리에 화관을 쓰고 밤낮으로 즐거운

잔치를 벌인다고 해. 정의로운 평판이 살아서나 죽어서나 이점을 가져다주는 반면, 악한 자들은 살아 있는 동안 악평을 받고 죽어서도 온갖 벌을 받게 된다는 거야.

어떤 사람들은 절제와 정의는 아름다운 것이라고 하면서도 막상 실행에 옮기는 일은 어렵고 힘들어하지. 방종과 불의는 즐겁고 쉬운 것이어도 세상에 내놓고 따르기에는 수치스럽다고 여겨. 그러면서 사악한 자들이 재산이 많고 권력을 지니고 있으면 행복하겠다고 부러워하고 가난하고 힘없는 사람들을 경멸하고 무시해 버리지. 게다가 나쁜 짓을 하고도 신들에게 제물을 바치고 잘 빌기만 하면 용서받을 수 있을 뿐만 아니라 더 많은 복을 받을 수 있다고 주장하는 자들도 있어."

형들의 말처럼 대부분의 사람들은 남들을 의식해서 선한 행위를 하지만 자신에게는 그다지 이익이 되지 않는다고 생각하지. 그래서 선한 행위는 오직 희생일 뿐이라고 생각하는 거야. 선한 행위는 과연 희생이 따라야만 하는 것일까? 아니면 선하다, 악하다는 것은 말뿐이고 자신의 이기적 욕심을 채우기 위해 남을 해치고 억누르는 것이 인간 본연의 모습일까? 마치 야생의 맹수처럼 살아가는 것이 인간에게도 적용될 수 있을까? 인간에게는 이성과 욕망, 기개라는 세 부분의 영혼이 있는데, 그저 욕망에 끌려가는 것이 올바른 것일까?

흔히 사람들이 말하듯이 불의를 통해서 얻었든, 겉으로 보이는 정의로운 평판을 통해서 얻었든 간에 상당한 힘을 얻은 아테네가 지금 이렇게 고통을 겪는 것은 어찌된 일일까. 아테네가 마치 상처받은 맹수처럼 으르렁거리며 끊임없이 고통을 겪는 것은 강자의 권리, 강자의 정의를 실현하지 못해서인가? 아니면 근본적으로 잘못된 정의관에 입각하여 잘못 살아서 받게 된 당연한 벌인가?

강자의 권리를 부르짖으며 아테네가 맹주의 자리에 올랐던 것은 마치 기게스가 반지를 얻은 것과 다를 바 없었어. 인간은 모두 기게스처럼 이기적으로 행동하고, 결국 아테네는 기게스처럼 강자의 권리를 남용하며 살아가는 것처럼 보였어.

이제 우리는 '기게스의 반지'란 결국 헛된 것임을 알아야 해. 인간의 이기적 욕망을 채우려는 것, 자신의 본분을 넘어선 탐욕은 결국 영혼의 파멸로 이어진다는 것을 알아야 한다고.

물론 잘못된 길을 알면서도 가는 사람은 없을 거야. 다들 그 길이 좋은 길인 줄 착각하는 것이지. 막다른 길, 절벽으로 가는 길인 줄 안다면 누가 그 길로 가겠어. 당연히 다른 길을 선택하겠지. 이성을 가진 인간이라면, 또 자신에게 진정 이로운 것이 무엇인지 알기만 한다면 가짜로 이로운 것, 일시적으로 이롭게 보이지만 결국은 해로운 것을 피할 수밖에 없다고.

올바름이란 무엇인가? 정의가 진짜로 사람들에게 이로운 것인가? 희생과 괴로움의 대가로 얻는 것이 아니라 진실로 '올바름' 그 자체로 우리에게 이로운 것인가? 이롭기 때문에 그것을 행하는 것인가, 아니면 그것을 행하는 것 자체가 이로울 수밖에 없는 것인가?

개인의 올바름과 국가의 올바름, 우리가 살아가는 이 세상의 '올바름'을 아는 것이 제대로 살아가는 첫걸음이 될 거야. 만일 이것을 모르면 그저 절대 반지만을 원할 것이고, 그러다 결국 그 영혼은 파멸하고 말 테니까.

플라톤의 『국가』 제1권은 '트라시마코스'라고도 불렸다. '정의에 대하여'라는 부제를 달고 있는데, 당시 아테네인들에게 널리 퍼져 있는 '정의관'을 보여 주고 그에 대해 비판하고 있다. 케팔로스의 집에 모인 여러 사람의 의견을 검토하던 중 트라시마코스는 '정의는 강자가 주장하는 권리에 지나지 않는다.'는 식으로 부도덕한 힘을 옹호하는 논변을 펼치고, 이에 소크라테스가 논박하는 형식이다. 1권은 소크라테스식 대화편으로 좀 이른 시기에 쓰인 것으로 보인다. 그리고 플라톤의 의견이 체계적으로 제시되는 후속편들이 이어진다. 그것이 오늘날 전해지는 『국가』의 2권부터 10권이다.

그래서인지 플라톤은 2권 전반부에서 1권의 내용을 요약하며 좀 더 선명한 대립을 통해 정의를 옹호할 것을 소크라테스에게 주문한다. 그리고 소크라테스와 견해를 달리하는 자신의 사상을 전체적으로 보여 준다. 『국가』 전체는 이데아론이나 웅변술에 대한 비판, 영혼의 불멸과 윤회 등의 사상뿐 아니라 철학자 왕이 왜 필요한지, 그 나라는 어떻게 구성하고 운영할 것인지, 교육이 왜 중요한지에 대해서 다루고 있다.

플라톤은 2권의 앞부분에서 기게스의 반지 이야기를 하며 극단적인 설정을 통해 정의(올바름)를 명확하게 정의하려는 시도를 한다. 사람들은 정의를 정의롭다는 그 자체로 원하는 것인가, 아니면 정의롭다는 평판에 따르는 여러 가지 이로움 때문에 원하는 것인가를 인간의 본성에 비추어 살펴본다. 인간은 과연 아무런 제재가 없어도 선할 수 있을까? 제재가 없으면 욕망에 따라 거리낌 없이 악행을 저지를까?

톨킨의 『반지의 제왕』이란 책이 있다. 영화로도 만들어졌다. 거기에서 골룸이 끝까지 집착했던 절대 반지가 바로 기게스의 반지이다. 그 반지는 결국 사람들을 파멸로 몰아간다. 절대 권력은 인간을 파멸시킨다는 생각을 담았다고 볼 수 있다.

하지만 플라톤은 그 반지의 힘을 통제할 수 있는 가능성을 남겨 놓는다. 그 반지를 누가 소유하는가에 따라 달라진다고 보는 것이다. 바로 진정한 철학자 왕이다. 진정한 정의가 무엇인지 알고 '진정한 올바름'에 따라 누구보다 더 투명하게 자신을 도덕적으로 성찰하며 모두의 행복을 위해 자신의 역할을 묵묵히 수행하는 철학자 왕은 절대 반지를 제대로 사용하리라는 것이다.

나라의 기원과 올바름 그리고 개인의 올바름

● 인간들이 정말로 원하는 것이 기게스의 반지일까? 아니겠지. 그 반지가 자신을 파멸로 이끈다면 누가 그 반지를 원하겠어? 인간들은 자신이 정말로 원하는 것이 무엇인지 잘 모를 뿐이야. 정말로 원하는 것이 무엇인지 분명해지면 아마도 많은 문제가 해결되겠지. 이런 문제에 대해서 나는 디온과 이야기해 보았어.

시라쿠사에서 디오니시우스 1세와 그다지 유쾌하지 않은 경험을 했던 것과 달리 디온을 만난 것은 그야말로 행운이었지. 당시 젊은 디온은 디오니시우스 1세와는 달리 총명하고 멋진 젊은이였거든. 그리고 나의 철학에 대해 관심이 많았어.

"플라톤, 어떻게 해야 올바르고 훌륭하게 잘 살 수 있죠?"

"이봐, 디온. 그걸 왜 나에게 묻지?"

"당신은 소크라테스에게도 배우고 피타고라스 학파와도 교류하고 이집트에도 다녀오고 했으니 잘 알고 있을 것 같아요."

난 디온의 눈에서 간절함을 읽었어. 그는 젊고 총명하면서도 열정이 넘쳤지. 지혜를 사랑하는 영혼이 엿보였어.

"디온, 내가 그런 곳을 다녀왔다고 해서 모든 것을 알고 있을 거라고 생각하는 것은 아니겠지? 난 다만 어느 정도 큰 그림을 그리고 있을 뿐이네. 분명한 것을 말하기는 어려워."

"플라톤. 진정한 이상을 향해 가는 길이 어렵고 힘들더라도 난 반드시 따라갈 겁니다. 당신이 인도해 주시기만 한다면요."

"자네가 그렇게 간절한 마음이라면, 확실한 것은 아니지만 내가 알고 있는 큰 그림부터 말해 보겠네. 일단 인간이 잘 사는 것에 대해서 제대로 알기가 어려우니 먼저 나라가 어떻게 해야 잘 유지될 수 있는지 말해 보는 건 어떨까?"

"작은 글씨가 어떤 글자인지 모를 때는 비슷한 큰 글자를 보고 그 모양을 익힌 다음 작은 글씨를 찾아보는 것과 같은 방법이겠군요?"

"바로 맞혔네. 그런 방법이지. 나라의 올바름, 도시 국가가 잘 유지되는 것부터 이야기하는 것이 더 쉽지. 그래서 거기서부터 우리 개인이 올바르게 살아가고 잘 사는 방법에 대해 이야기해 볼 것을 제안하는 거라네. 자네, 참 똑똑하구먼."

인간이 살아가는 데 필요한 올바름을 이야기하기 위해서 우리는 도시 국가에 대해 먼저 이야기를 시작했지.

"먼저 도시 국가의 올바름을 이야기하려면 도시 국가가 어떻게 생겨났는지부터 알아야겠지. 디온, 사람들은 자신에게 필요한 것들, 먹을 것은 그렇다 치더라도 옷이나 집 따위를 혼자서 만들어 낼 수 있다고 생각하나?"

"아니요, 그건 할 수 있다고 하더라도 너무 힘들 겁니다. 다른 사람들과 힘을 합쳐서 해야 할 일들이 많이 있죠."

"그렇지. 도시 국가는 사람들이 혼자서는 필요한 것을 얻을 수 없어서 만든 거야. 각자 음식물, 집, 옷을 만들려면 쉽지가 않지. 그래서 여럿이 그 문제를 해결하기 위해 집단을 만들고 그 집단이 점점 커져서 도시 국가가 되었겠지.

각자 자기가 필요한 것을 따로 만들어서 쓰기보다는 서로가 필요한 것을 나누어서 만드는 분업의 형태로 발전할 수밖에 없었을 거야. 각자 자기가 필요한 것을 만들어 내는 것보다는 분업이 훨씬 효율적이지. 그럴 수밖에 없는 것이 사람이란 다 저마다 다르게 태어나고 각자 잘하는 분야가 있기 마련이니까."

"그랬을 것 같군요. 플라톤."

"각자의 전문 분야를 바탕으로 가장 기본적인 의식주를 해결하는 공동체는 아이들도 적당히 낳을 거야. 자신들이 먹여 살릴 수 있는 만큼만 낳아서 행복하게 살고자 할 테니까."

"플라톤, 그렇다면 지금 이 상황은 어떻게 된 거죠? 사람들은 그렇게 검소하지도 않고 행복하지도 않잖아요?"

"디온, 자네 말이 맞아. 처음에는 적정한 인구를 유지하며 검소하지만 행복하게 살던 인간들이 각자의 분수를 넘어 사치스런 것들을 원하게 되면서 도시 국가는 커졌다네. 또 여행하고 돌아와서 보고 들은 것, 더 맛나고 멋져 보이는 것들을 원하게 되면서 훨씬 많은 직업이 필요하고 많은 사람을 먹여 살릴 자원이 필요하고 더 많은 의사가 필요하고 더 많은 땅이 필요하게 되었지. 그러다 보면 자신들이 조상 대대로 지켜 오던 영토 안에서는 그 모든 것을 해결할 수 없기 때문에 누군가의 것을 빼앗게 된다네. 사치로 인해 자기 땅에서 나는 것만으로는 부족하다고 여길 때 나라들은 결국 전쟁을 하게 되었지. 그리고 자신을 지키기 위해서 필요했던 군대가 침략하기 위한 군대로 바뀌게 되었다네."

"그렇군요. 그렇게 해서 지금과 같은 나라들이 생겨났군요."

"디온, 전쟁 기술이 날로 발전하다 보니 군대는 매우 전문적인 기술을 필요로 한다는 걸 자네도 잘 알고 있을 걸세. 농부들과 전사들이 싸우면 누가 이기겠는가. 전사는 꼭 필요한 존재이면서도 매우 위험한 존재라고 할 수 있지. 전사들은 누군가가 제대로 지시를 하고 통제하지 않으면 언제 위험한 행위를 할지 몰라. 그들을 제대로 활용하려면 바로 나라의 수호자들, 지혜로운 통치자들이 필요하다네. 그리고 그 나라에는 전사나 통치자보다 훨씬 많은 수의 생산자들이 있을 것이네. 통치자나 전사, 생산자들은 각각 자신의 능력과 성향에 따라 도시 국가에 기여할 것이며 각자의 전문적 역할을 수행함으로써 도시 국가를 더욱 효율적으로 유지하게 되겠지. 그중에서 가장 중요한 것은 무엇일까?"

"플라톤, 저를 시험하시는군요. 제가 보기에는 도시 국가의 먹을 것을 위해서는 생산자들이 중요하고 평화를 유지하기 위해서는 전사가 중요하겠지만, 지속적으로 도시 국가가 잘 운영되려면 도시 국가를 이끌어 가는 통치자들이 정말 지혜로워야 할 것 같습니다."

"그렇다네. 정말 제대로 이야기해 주었어. 도시 국가의 평화와 안정을 위해서 가장 필요한 것은 통치자들의 지혜라네. 전사들에게 가장 필요한 것은 용기이고, 생산자들에게 가장 필요한 덕목은 무분별한 욕망이 아니라 적절한 수준의 절제라고 할 수 있지. 이 모든 것이 조화를 이룰 때 도시 국가는 제대로 숨 쉴 수 있다네."

"하지만 현실은 그렇지 않죠. 전사에 적합한 사람이 나라를 다스리고, 장사에서 기막힌 기술을 발휘한 사람이 나라의 운영에 나서고 있지 않습니까?"

"그래, 디온. 자네 말대로 자신의 역할과 능력에 걸맞지 않은 일을 하는 사람들이 있지. 그래서 문제가 심각해지는 거야. 전사들이 정치를 하면 그 나라는 필연코 명예를 최우선에 두고 전쟁을 자주 벌이게 되어 있네. 그들은 죽음을 두려워하지 않지만 이름 없이 사라지는 것은 무척이나 두려워하지. 그래서 끊임없이 명성을 날릴 수 있는 전쟁을 일으킨다네.

한편 생산하고 장사하는 일에서 뛰어난 능력을 보인 사람들이 나라를 운영하면 탐욕에 빠지게 되네. 물질적 부를 추구하는 일에는 누구보다 뛰어난 능력을 가진 사람들이기 때문에 옳고 그름보다는 부의 축적에만 관심을 두지. 그래서 부끄러움도 모르고 탐욕을 추구하다가 결국 나라가 망하게 되는 거야. 그들은 돈벌이에 관심이 많아서 돈이 많이 드는 전쟁에는 관심이 없지만 대신 다른 사람들의 주머니를 털기 때문에 대중의 분노를 사게 되지.

그 결과 가난한 생산자들이 나서서 정치를 하게 되는데 이들은 정치에 대해 무지하기 때문에 극도로 혼란스런 상황을 빚게 된다네. 공직자를 추첨으로 선발하고 능력과 무관하게 인기로 장군을 임명하게 되면 전쟁과 같은 위급한 시기에 어떤 일이 벌어질지 뻔하지 않은가. 결국 어리석은 대중은 참주를 원하게 되네. 혼란을 종식시켜 줄 독재자에게 자신들의 자유를 갖다 바치게 되지. 죽음보다는 차라리 노예 상태로 살기를 원하는 거야.

이 참주의 등장이야말로 가장 나쁜 정치지. 모든 사람을 노예로 만들면서 자기의 욕망을 충족시키는 데만 골몰하는 참주는 겉으로는 모든 사람을 위한다는 말을 번지르르하게 잘한다네. 사람들에게 최소한의 빵과 쾌락을 선물하고 인기를 얻으면 자신은 뒤에서 온갖 악행, 도둑질, 살인, 전쟁을 저지르며 자신의 권력을 탐하고 유지하는 데 모든 힘을 쏟는 정치라네."

"플라톤이여. 어떤 나라를 말하는지 알겠습니다. 참으로 안타까운 우리의 현실이군요."

"디온, 자네는 많은 것을 알게 되었네. 결국 정의로운 나라란 각자의 역할을 제대로 수행할 때만 가능하다네. 여기 시라쿠사에서 그런 정의로운 나라가 수립될 수 있을지는 모르겠군. 어쨌든 나라의 올바름을 이해했다면 인간의 올바름도 알 수 있을 것이네."

"그렇다면 국가의 올바름처럼 결국 인간도 영혼마다 역할이 있고 그것들의 조화가 중요하겠군요."

플라카(고대어 플릭스) 언덕 아테네 시내 중심에 있는 작은 언덕으로, 기원전 507년 무렵부터 아테네인들이 집회를 하거나 연설을 들으러 모였던 곳이다. 사진 오른쪽에 있는 조각된 계단에서 연설을 하곤 했다.

"그렇지. 인간이 잘 살기 위해서는 머리에 지혜를, 가슴에 용기를, 그리고 배에는 절제를 갖추어야 하네. 결국 인간이 진정으로 필요한 것은 영혼과 신체의 각 부분에 걸맞은 능력을 잘 발휘할 수 있도록 자신을 잘 관리하고 조화를 이루며 사는 것이라네. 뱃속의 욕망이 머리를 마비시키지 않고, 가슴의 기개와 용기가 지혜의 지휘를 받아 잘 사용되도록 해야 하네."

권력은 행복의 조건이 아니라고 플라톤은 주장한다. 권력과 힘은 오만을 부르고 남용을 부르고 남을 억누르는 데 쓰이기 쉽기 때문이다. 그래도 권력과 힘을 원하는 사람들에게 플라톤은 절제를 알아야 한다고 말한다. 절제만이 인간을 행복하게 해 준다는 것이다. 모두에게 걸맞은 자리가 있고 그 자리에서 적절하게 조화를 이룰 때, 비로소 인간은 행복해진다는 것이다.

인간이 타고난 능력의 차이에 따라 분업을 하고, 각자의 위치에서 적절한 역할을 수행할 때 공동체 모두가 행복하게 된다. 그중에서도 각자의 역할을 넘어서지 않는 것, 자신의 능력에 넘치는 역할을 탐내지 않는 것이 중요하다고 본다. 그리고 가장 중요한 것들을 결정하는 통치자의 역할은 아무나 할 수 없다. 그야말로 최고의 지성과 절제력을 지닌 존재가 수행해야만 도시 국가 전체의 행복이 보장된다고 본다.

나라 전체의 올바름만이 모두의 안녕과 행복을 보장할 수 있다는 말은 개인에게도 적용된다. 나라의 각 부분이 조화를 이루는 것처럼 한 인간에게서도 행복은 영혼이 각각의 역할을 제대로 수행할 때 가능하다고 말한다. 가슴에는 용기를 기르고, 배에 가득한 욕망에는 절제를 기르고, 이것을 통제할 수 있는 이성의 능력을 발휘하는 머리를 지녀야 진실로 지혜로운 자로 행복한 삶을 살 수 있다는 것이다. 이것이 플라톤이 말하는 인간의 올바름, 인간성의 진정한 실현이다.

『국가』 2권에서 4권까지 다루고 있는 내용이다.

태양과 동굴의 비유

디온과 대화를 나눈 후 나는 우여곡절 끝에 아테네로 돌아왔지. 그리고 앞에서 말한 것처럼 아카데미아에서 인재들을 가르쳤어. 그 인재들에게 가르친 것은 이상 국가에 대한 본이야. 앞서 말한 이데아, 기억하는가? 우리가 무엇인가 알게 되는 것은 이데아를 기억하고 있기 때문이라고 했던 말.

이데아는 기억에만 관련된 것이 아니야. 무슨 말이냐고?

어느 날 아카데미아의 학생과 이데아에 대해 나눈 대화를 들려주지. 그날은 태양이 눈부시게 아름다운 날이었네. 우리는 올리브 나무 아래에서 대화를 나누었지.

"플라톤 선생님, 지난번에 말씀하신 대로라면 이데아는 기억하고

아카데미아의 플라톤과 학생들 플라톤이 아카데미아 정원에 앉아 학생들과 토론하고 있다. 폼페이에서 발굴된 로마 시대의 모자이크 작품이다.

생각하는 것에만 관련된 것인가요?"

"아니, 그 이상이라네. 이데아는 단지 기억하고 생각하는 것에만 관여하는 게 아니라네. 자, 우리가 앉아 있는 이 그늘을 만들어 주는 것은 올리브 나무지?"

"예, 올리브 나무 그늘에 있으니까요. 하지만 태양이 없으면 그늘도 없다고 할 수 있죠."

"역시, 우리 친구들은 하나를 가르치면 열을 아는군. 바로 그걸세. 올리브 나무 그늘을 만들고 올리브 나무를 보게 해 주는 것은 태양에서 나온 빛이야. 그 빛을 우리가 보고 사물들을 파악하게 되지. 이데아는 그런 역할을 하네. 특히 모든 이데아의 근원인 '좋음의 이데아'는 바로 태양과 같지. 태양에 의해 사물들이 보이듯이 '좋음의 이데아'는 다른 이데아들을 파악할 수 있게 하지. 뿐만 아니라 태양이 모든 것을 기르듯이 '좋음의 이데아'는 모든 이데아가 존재할 수 있게 해 주기도 한다네."

"정말요? 머릿속에서 생각하는 것만이 아니라 이 살아 있는 모든 것, 존재하는 모든 것의 근원이 '좋음의 이데아'란 말입니까?"

"왜, 잘 믿기지 않는가? 하긴 나도 자네들이 그렇게 생각하는 것이 당연하다고 여기네. 좀 다른 방법으로 말해 봐야겠군. 자, 여기 동굴이 하나 있다고 해 보세. 이 동굴은 꽤나 깊고 입구에서 아래로 내려가는 곳은 더욱 가파르네. 그 아래 깊숙한 곳에 이르면 뜻밖에 활활 타오르는 불이 있고 그 불을 등지고 사람들이 있다네."

"동굴 속에 사는 사람들은 어떤 사람들인가요?"

"그들은 특이하게도 모두 동굴 깊은 곳 벽면에 시선이 고정되어 있다네. 뒤쪽에는 불이 활활 타오르고 있고 그들은 자신의 앞에 있는 그림자만을 보도록 시선이 고정되어 있지."

"거참, 특이한 사람들이군요."

"특이하더라도 좀 참게. 그 사람들은 자신의 그림자만 바라보고 생활하고 있으니 자네보다 더 답답할 거야. 자신의 진짜 모습은 모른 채 단지 그림자가 자신의 모습이라고 생각하며 살고 있다네."

"그 그림자가 자기라고 생각한다면 그렇게 답답하지 않을 수도 있겠군요. 태어나면서부터 그렇게 살았으니까요."

"그렇군. 자네 말이 맞아, 그들은 전혀 불편함을 느끼지 않지. 그런데 그중 한 사람이 우연히 고개를 뒤로 돌아보고는 깜짝 놀라게 되었네. 불이 활활 타오르고 있을 뿐 아니라 옆에 있는 사람의 모습을 보니 자기가 알던 모습과 달랐던 것이지. 그는 순간 당황했지만 호기심을 참을 수가 없었어. 그래서 남들이 벽면을 바라보고 열심히 그림자생활을 하는 그 순간에 불을 향해 걸어갔다네. 그리고 불빛에 비친사람들의 모습을 보았어. 모든 것이 그림자라는 것을 알았네. 커다란충격을 받았지만 그는 더욱 용기를 내어 불빛을 지나 동굴을 탐험했어."

"대단한 용기를 지닌 사람이군요."

"그렇지. 게다가 그는 동굴 밖으로 나가는 길을 발견했다네. 길이가파르고 위험했지만 동굴 밖에서 들어오는 희미한 빛을 향해 조심스레 올라갔다네. 그리고 동굴을 나왔지. 그 순간 동굴 밖에는 아무것도 보이지 않았어. 모든 것이 희뿌옇게 보일 뿐. 시간이 좀 지나서야서서히 어두운 곳부터 눈에 들어오기 시작하더니 세상의 모든 것이보이기 시작했다네."

"엄청난 일이군요. 드디어 세상의 진실을 알게 되었군요. 바로 그것이 이데아인가요?"

"바로 그렇다네. 이데아의 세상이 바로 동굴 밖의 세상인 거야. 그리고 그 정점에 모든 것의 근원인 태양이 있었지. 이데아의 세상으로

나온다고 해서 바로 모든 것을 알 수 있는 것은 아니라네. 가파른 길을 거슬러 올라가야 하고 이데아를 보는 법을 익혀야 하고 충분한 시간을 기다려야 한다네. 만일 그가 세상에 나오자마자 눈이 부셔서 아무것도 보이지 않는다고 생각하고 이전에 익숙했던 어둠의 세계로 다시 돌아간다면 이데아의 세상이 어떻게 이루어졌는지 전혀 알 수가 없겠지."

"이제 그 사람은 이데아의 세상에서 행복하게 살겠네요. 모든 것을 만끽하면서요."

"아니, 그렇지 않았네. 그는 자기 혼자만 이 밝은 세상에서 사는 것은 잘못이라고 생각했어. 그래서 다시 동굴로 돌아갔지. 그리고 사람들에게 말했어. 저 밖의 세상은 우리가 보는 것과 다르다고. 동굴 안은 그림자의 세상일 뿐이라고. 하지만 사람들은 그를 비웃었지. 미쳤다고 하면서 말이야. 게다가 그가 밝은 곳을 다녀오고 나서 어둠에 익숙하지 않아 어리바리하게 굴며 우스꽝스런 모습을 보이자 자신들이 옳다고 주장하기 시작했어. 오히려 저 위에 다녀오더니 눈을 버렸다고 하고, 그런 나쁜 곳으로 데리고 가려 한다고 흥분한 나머지 그를 죽이고 말았어."

"플라톤이여, 그 사람이 소크라테스군요."

"그렇다네. 이데아는 그리 쉽게 알 수 있는 것이 아니라네. 그런 고난에도 사람들을 이데아의 세계로 인도하는 것이 우리들, 지혜를 사랑하는 사람들이 해야 할 일이기도 하고."

『국가』 6, 7권에는 유명한 비유가 여러 곳에 등장한다. 이데아에도 단계가 있으며 최상의 단계에는 '좋음'의 이데아가 있고 그것은 마치 태양처럼 모든 이데아에 빛을 던진다는 태양의 비유, 진리 인식의 단계를 설명하는 선분의 비유, 그리고 참된 인식에 이른 사람과 그렇지 못한 사람의 모습을 알려 주는 동굴의 비유 등이 있다.

그중에서도 후세의 지식인들에게 많은 영향을 끼친 비유는 '동굴의 비유'이다. 진정한 철학자가 변하지 않는 것, '이데아'를 알고 이 세상을 바라보면 무엇이 덧없는 것인지 무엇이 헛된 것인지 쉽게 알 수 있을 것이다. 그가 동굴 밖에 있는 밝은 세상의 모습에 대해서 알게 된다면 동굴 안의 어두운 세상에 회의를 느껴서 동굴을 떠나고 싶지 않을까. 하지만 플라톤은 이데아를 볼 줄 알게 된 사람에게는 신성한 의무가 있다고 말한다. 어쩌면 의무가 아니라 개인의 결단일 것이다. 믿지 않는 사람들에게 진실을 전달하기 위해 위험을 무릅써야 하는 철학자의 결단 말이다.

소크라테스가 죽음을 두려워하지 않고 용기 있는 목소리를 내었던 것처럼 그 이후 많은 철학자가 진실의 편에 서서 말해 왔다. 지금 세상에서도 많은 지식인이 용기 있는 결단을 내린다. 자신의 편안함보다 모두의 행복을 위해, 조금은 불편한 진실의 세계를 밝히기 위해, 동굴을 나가기 위해서 어둠을 밝히는 촛불을 드는 사람들이 있다.

지혜로운 자가 다스려야 한다

아리스토이에게 보내는 편지 1

철학자의 삶은 어려운 길이라네. 진리를 알고 지혜를 사랑하는 우리 철학자들은 오히려 소피스트라고 고발당하거나 사회에 쓸모없는 존재라는 말을 듣기도 하지. 하지만 진정한 철학자들은 명예나 부에 대한 관심이 없고 오직 진리에 대해서만 관심을 가지고 살기 때문에 사회에서는 무능력해 보이고 정치에도 관여하지 않지만 사실은 누구보다도 올바른 길을 잘 알고 있지.

철학자들이 정치에 참여하게 하려면 어느 정도 강제할 필요가 있어. 지혜를 사랑하는 이들은 소크라테스처럼 적절하게 현실 정치에 거리를 두게 되니까. 그렇게 하지 않으면 아마도 제 명대로 살지 못할 거야. 하지만 현실 정치가 아닌 이상 사회의 본을 세우는 것은 좀 다르지. 이상적으로 따져 볼 때 국가의 통치자가 누가 되어야 하는가는 너무나 분명하잖아.

　먼저 국가의 모든 부분을 잘 관리해 줄 수 있는 존재는 어떤 사람이어야 하는가? 마치 사람은 머릿속에 지혜가 있어야 하는 것처럼 통치자는 지혜로운 자여야 하지.

　하지만 사람들은 그렇게 생각하지 않아. 마치 선장 없는 배와 같다고나 할까. 배의 주인은 항해에 대해 잘 모르는 사람이고 선원들은 선장이 없으니 각자 떠들어 대면서 자신이 적임자라고 나서는 배 말이야. 그 배에서 혹시라도 누가 나서서 자신이 배를 잘 조종할 수 있다고 하면 그 능력을 시험해 보고 검증해 보기도 전에 다른 누군가가 그를 해코지하고 자신이 더 나은 적임자라고 서로 우기는 상황을 가정해 보자고. 그들은 자신이 배를 조종할 수만 있다면 자신의 능력과는 무관하게 어떻게든 나서는 사람들이야. 그들 중에서 실력 있는 사람이 배를 조종하기보다는 다른 사람들을 잘 제압하거나 잘 꼬드기거나 아부를 잘하는 사람이 배를 조종하기 쉽겠지.

　오히려 배를 조종하는 데 적합한 전문가들은 하늘의 별자리에 대해서도 잘 알고, 바람과 조류에 대해서도 해박한 지식을 가지고 여러 가지 이야기를 해 줄 거야. 다만 사람들의 마음을 사는 기술이나 그들의 입맛에 맞는 이야기를 해 주는 기술이 부족해 곧이곧대로 배를 조정하는 것만 이야기하겠지. 항해를 제대로 아는 주인이라면 전문가를 선장으로 임명하겠지만 항해에 대해 아는 것이 없는 주인은 당연히 그런 사람을 말 많은 사람, 무능력한 수다쟁이로 생각할 수도 있다네. 결국 배는 어리석은 사람들이 조종하는 대로 간신히 항해하게 될 것이며 혹시라도 운이 좋아 목적지에 도착하면 다행이지만 폭풍우라도 만나는 날에는 모두 목숨을 잃게 되겠지. 그런 상황에서도 사람들은 진정한 조타수를 알아보지 못하고 오히려 선동가들에게 배를 맡기는 게 현실이지.

이상적 국가의 주인이라면 선동가들, 얼치기 선원들에게 배를 맡기지 않고 진정한 능력자, 배를 제대로 이끌어 줄 능숙한 항해사를 고용하지 않겠는가. 그렇다면 어떻게 그런 능숙한 항해사, 나라를 제대로 이끌어 줄 통치자를 구할 수 있을까? 그런 통치자를 어떻게 길러 낼 수 있을까?

훌륭한 통치자는 그 재능을 타고나겠지만 처음부터 누가 그런 훌륭한 재능을 가졌는지 알 수 없어. 나라 전체의 아이들을 대상으로 잘 교육하고 공정하게 길러야 하네. 그리고 성장 단계마다 적절한 교육을 제공하고 공적인 임무는 시험으로 평가하여 정말 나라를 위해 사심을 갖지 않고 헌신할 인재를 잘 골라내야 한다네.

먼저 우리 아테네의 어린이 교육에서부터 잘잘못을 살펴보세. 지금처럼 아이들에게 잘못된 이야기를 들려 주어서는 안 되네. 시와 노래 등을 통해 어려서부터 아이들의 혼에 새겨 주는 시가 교육은 영혼을 키워 주는 것이므로 매우 신중하게 진행되어야 하네.

어린아이들은 순진해서 누가 들려주는 대로 믿어 버리지. 그러니 전통적으로 가르쳐 온 교육이라고 해도 신들의 이야기를 지금의 방식대로 외우게 하고 알려 주는 것은 문제가 많다네.

예를 들어 신들이 그 어버이 신들을 몰아내고 거세하거나 탐욕을 부리고 질투하는 이야기들은 신들의 본성에

맞지 않는 이야기라네. 제우스가 자신의 아버지를 속이고 신들의 우두머리 자리를 차지하는 이야기나 아내인 헤라 여신을 속이고 툭하면 바람피우는 것 말일세. 또 아가멤논에게 거짓 꿈을 보내서 싸움을 부추겨 많은 그리스인을 죽게 만드는 것이나 온갖 제물을 받고서 마음을 돌려 불의를 용서해 주는 것도 얼마나 황당한가. 아름다운 세 여신이 파리스의 환심을 사서 최고의 여신이 되려다 실패하자 질투 때문에 전쟁을 벌이게 되는 것도 그렇고. 그런 이야기를 들려주면 아이들은 항상 올바른 신의 본성을 이해하지 못하고 신들이 질투하고 탐욕을 부리는 존재라고 믿게 된다네.

동시에 적절한 신체 활동도 필요하고, 영혼을 갈고 닦을 수 있는 산술과 기하, 천문과 화성학을 가르쳐야 한다네. 무엇보다 영혼을 갈고 닦는 것이 중요하지만 신체 활동은 나라를 지키기 위해서도 꼭 필요한 것이지. 그리고 진리에 다가서기 위해서는 본성적으로 변하지 않는 것에 대한 탐구와 관련된 수학, 시각이나 청각에 의존하기는 하지만 이성을 활용하지 않고는 파악할 수 없는 천문학과 화성학을 배우고 나서 변증론을 배워야 하네. 변증론은 문답을 통해서 진리를 파악해 가는 방법이지. 스스로 묻고 답하면서 이데아로 나아가는 방법이네. 이런 기술은 배움의 시기에 맞게 제공되어야 하네.

성인이 되면 나라를 위해서 전쟁에도 나가고 공직에도 임명하여 능력을 평가해 보아야지. 그 과정에서 권력이나 재물에 대한 탐욕이 있는지 시험해 보아야 하네. 개인이나 가문을 위해서가 아니라 나라를 위해서 자신을 희생하고 모두의 행복을 위해서 최선을 다하는 신중하고 온화한 성품인지도 잘 살펴보아야겠지.

그런 시험을 거치면서 진정 지혜를 사랑하는 자라면 높은 자리에 오르는 것이 내키지 않겠지만 혹시라도 마음이 검은 자가 모두를 속이고 청렴한 것처럼 행동할 수도 있으니 또 다른 방책도 세워야 하네. 이 방책이 너무나 충격적이어서 받아들이기 어려울 수도 있으나 이렇게 대비해 두어야만 인간성의 타락을 막을 수 있다는 것을 이해해 주기 바라네.

혹시라도 탐욕스런 자가 마치 선량한 자인 것처럼 속일 수도 있으니 통치자나 수호자들은 재산을 갖지 못하게 하는 법을 만들어야 하네. 아내나 자식들을 통해서 또 다른 욕심을 부릴 수도 있지. 그러니 그들은 부부도 자식 키우기도 공동으로 하는 걸세. 누구의 자식이라서가 아니라 오로지 그 자신의 능력을 통해서만 수호자가 되고 통치자가 될 수 있어야 공동체의 행복이 유지될 수 있다네. 누구나 최고의 자리에 오르면 욕심을 부릴 수 있고 자신은 아니더라도 자식에게 물려주고 싶은 생각이 들 수 있지. 그런 생각이 공동체의 행복을 파괴하게 된다네. 적절한 능력을 갖지 못한 자에게 높은 지위를 준 결과 모두가 파멸하게 되지.

능력에 따라서 대우한다는 것에는 여자도 예외가 아니네. 아테네에서는 여자들에게 기회를 주지 않고 있네. 여자는 단지 남자보다 조금 힘이 약할 뿐이지 이성적으로는 전혀 차이가 없는 존재라고 할 수 있지. 멋진 물건을 만들어 내는 장인이 대머리인지 장발인지 전혀 중요하지 않은 것처럼 이성을 멋지게 사용하는 데에 남자인지 여자인지는 중요하지 않다네. 여성에게도 동등한 기회를 제공한다는 점에서, 모두가 검소하고 공동체를 중시하며 산다는 점에서 스파르타를 배울 필요도 있다고 보네.

이런 나라라면 탐욕스런 자가 통치자가 되려고도 하지 않겠지. 오로지 지혜를 사랑하고 다른 이들의 조화로운 삶을 바라는 철학자만이 자신의 시간을 희생해서 공동체를 위해 애쓰겠지. 그리고 하루라도 빨리 그 자리를 벗어나서 자신의 진정한 행복, 이데아를 관조하는 행복을 누리려고 할 거야.

플라톤은 '이상 국가'에서는 무엇보다 통치자를 기르는 교육이 중요하다고 『국가』 5～7 권에서 역설한다. 제대로 된 통치자가 없다면 플라톤의 이상 국가는 실현될 수 없기 때문이다. 더불어 통치자의 후보들을 교육하는 것 이상으로 잘 선별해 내는 것도 중요하다. 충분한 시험을 거쳐서 선별해 낼 뿐만 아니라 그 과정을 거쳐서 단련해 내는 것도 필요하다.

하지만 인간이기에 또 언제 변할지 모르기 때문에 통치자의 도덕성을 끝까지 지키려면 부패의 싹을 잘라 버려야 한다고 플라톤은 주장한다. 그래서 통치자 계급은 재산을 가질 수 없고 자신만의 가정을 꾸려서도 안 된다. 이처럼 비인간적으로 보이는 제도들이 과연 필요한가?

플라톤의 답은 분명하다. 한 개인의 행복을 위해서가 아니라 사회 전체의 행복을 위해서는 '도덕적으로도 이성적으로도 완벽한 통치자'가 필요하다. 시민 모두가 탐욕을 버리고 건전한 삶의 행복을 누리게 하려면 통치 계급의 무소유를 강제해야 한다는 것이다. 플라톤이 말한 극단적인 처방은 실제로 실현될 수 없을 것 같지만 플라톤이 살던 시대의 스파르타가 이런 사회였다. (스파르타도 펠로폰네소스 전쟁 이후 부유해지면서 탐욕과 부패가 생겨났다.)

오늘날 정치 현실에서도 꼭 필요한 것은 제대로 된 정치인이다. 도덕적으로 검증되고 충분한 전문성을 갖추고, 공익에 헌신할 수 있는 정치인을 우리 모두는 원한다. 우리 시대에도 그런 정치인을 알아보고 선별해 내는 데 대한 논의가 필요하지 않을까?

진정으로 행복한 영혼이란?

아리스토이에게 보내는 편지 2

사람들은 내 말에 쉽게 동의하려 하지 않더군. 그런 철학자, 통치자를 누가 나서서 하겠느냐는 것이지. 사람들의 본성은 힘을 원하고 자신의 쾌락을 위해서 통치자가 되려는 것이지 정말 고귀한 이상을 위해 정치를 하는 사람이 얼마나 있겠느냐는 거야. 게다가 그렇게 순진한 사람이 과연 정치판에서 살아남을 가능성이 있느냐고도 하지.

사람들은 내가 너무 순진해서 군사 문제나 외교술에서 실패할 거라고 하더군. 결국 전쟁에서 지고 노예로 살아가느니 차라리 뻔뻔해 보이더라도 다른 나라에 본때를 보여 주는 파렴치한 살육도 감행해야 한다는 논리지.

하지만 그건 옳지 않아. 단지 옳지 않은 것만이 아니라 불행한 일이야. 나라의 정의가 실현되는 것은 한 개인에게 정의가 실현되는 것과 같은 일인데, 개인이 정의롭지 못하면 불행해지듯이 공동체도 정의롭지 못하면 결국 파멸할 수밖에 없어.

뛰어난 왕이 다스리는 철인 통치에서 다수의 지혜를 모으는 최선자 통치로, 그리고 욕망에 이끌리는 다수의 민주정치로, 마지막에 독재자 자신의 욕망만 채우는 참주 정치로 정치가 타락하듯이 인간에게도 동일한 영혼의 단계가 있다고 할 수 있지. 영혼에는 일정한 단계가 있어서 각자의 단계에 맞는 행복을 누릴 수 있어. 누구나 가장 행복한 영혼이 되기를 바라겠지. 정말 행복한 영혼이 무엇인지 알게 되면 누가 일부러 불행해지려고 하겠어? 앞에서 말했듯이 기게스의 반지처럼 모든 것을 속일 수만 있다면 흔히 사람들은 그렇게 해도 된다고 생각하곤 하지. 하지만 결국 모든 것은 드러나게 되어 있어. 에르의 이야기를 들려주지.

에르는 내가 알고 있던 사람인데 그가 죽었다 살아난 이야기를 해주었지. 에르는 어느 날 전쟁터에서 죽었다가 살아나. 자신을 신기해하는 사람들에게 자신이 죽어서 보고 온 세상 이야기를 해 주었어.

"제가 전쟁터에서 죽은 후 수많은 영혼과 함께 긴 여행을 했답니다. 육신을 벗어난 영혼이 가닿은 곳은 참으로 신비스런 곳이었어요. 하늘로 난 구멍이 두 개, 땅으로 난 구멍도 두 개가 있었죠. 거기에는 심판자들이 올바른 자들은 하늘로 올려 보내고 잘못을 저지른 자들은 땅속으로 보냈더군요.

심판자들이 나에게는 그곳 일을 잘 살펴보고 나중에 돌아가서 알리라고 하더군요. 그래서 거기에서 일어나는 일을 주의 깊게 살펴보았죠. 또 다른 구멍에서는 땅속에 온갖 먼지를 뒤집어쓴 영혼들이 올라오고 있었고 하늘에서도 깨끗한 영혼들이 내려오고 있었습니다. 그들은 오랜 여행을 하고 돌아온 것처럼 보였는데, 서로 아는 영혼들끼리 반갑게 인사도 하고 안부를 묻더군요. 그런데 그들은 각각 천년의 여행을 막 마치고 돌아오는 길이라는 거예요.

하늘에서 돌아온 영혼들은 그간 보았던 멋진 여행을 들려주었고 땅속에 돌아온 영혼들은 그간 벌 받았던 이야기들을 해 주었죠. 그들은 살아 있었을 때 행한 일들에 대해 10배로 갚아야 했다고 하더군요. 잘못을 저지른 경우 10배의 벌을 받고 선한 일을 한 경우는 10배의 보답을 받은 거죠.

하지만 아주 나쁜 짓을 저지른 경우에는 아예 돌아오지도 못하고 타르타로스에 던져져 영원히 벌을 받기도 한다더군요. 그런 벌은 대부분 참주들이 받는다고 합니다.

영혼들이 들려주는 여행 이야기로 시간을 보내고 다시 길을 떠났죠. 이번에는 다음 생을 선택하는 곳으로 가게 되었어요. 거기에서는 제비뽑기로 순서를 정하고 그 순서대로 다음 생의 운명을 각자가 선택할 수 있도록 했습니다. 첫 번째 순서를 뽑았다면 심사숙고해서 결정할 것이고 마지막 순서를 뽑았다고 해서 낙담할 필요는 없다고 하더군요.

가장 먼저 운명을 정하게 된 영혼은 하늘에서 내려온 영혼이었는데 덜컥 참주의 영혼을 뽑더군요. 그리고 나서 바로 후회를 합니다. 참주가 좋아 보였는데 알고 보니 자식을 죽일 운명이었던 거죠. 그런 경솔한 선택을 한 영혼은 사실 하늘을 여행하게 된 것도 그저 질서 있는 나라에서 습관대로 살아서 덕을 쌓았을 뿐 지혜를 탐구하지 않았던 것이지요. 이처럼 힘든 일을 경험해 본 적 없는 영혼들은 거리낌 없이 선택을 하는 경우가 많았죠. 그에 비해 땅에서 온 영혼들은 보고 들은 것이 많아서 신중하게 선택했죠.

만일 어떤 이가 지혜를 사랑하는 삶을 살았다면 이승에서도 행복했을 것이고 여기에서도 하늘로 갔다가 다시 또 좋은 길을 잘 찾아가겠더군요. 어쨌든 영혼들은 자신의 성향과 이전의 경험에 따라 여러 가지 선택을 하고 다시 여행을 떠났습니다. 그리고 나는 망각의 강물을 마시지 않아서 여기 이렇게 오게 되었고, 여러분에게 이런 이야기를 전해 주게 되었습니다."

에르가 보고 온 세상에는 참주가 가장 비참한 삶을 살아가고 있어. 그리고 그것은 필연이기도 하지. 자신의 영혼이 그걸 원하니까. 그의 영혼은 타락하여 다음 생에서도 또다시 최악의 불행으로 빠지는 거야.

플라톤의 대화편에는 신화가 많이 등장한다. 이 신화들은 어떤 의미가 있을까? 플라톤은 이런 신화를 정말로 믿었던 것일까? 그렇지는 않을 것이다. 플라톤의 시대에 이미 신화는 그저 신화로서의 교육적 기능을 가질 뿐 사실로 생각하지는 않았다. 마치 오늘날 우리가 산타클로스 이야기를 아이들에게 해 주지만 아무도 실제로 존재한다고 믿지는 않는 것처럼 플라톤의 신화 이야기도 그런 의미라고 볼 수 있다. 플라톤이 어떻게 살아야 행복한가에 대한 마지막 대답으로 '에르의 신화'를 끌어다 쓴 것으로 보면 된다.

플라톤은 『국가』에서 '에르의 신화'뿐 아니라 '동굴의 비유'를 보여 주었고, 『향연』에서는 '에로스의 탄생의 비밀'과 '인간이 한 몸을 이룬 이야기'를 들려주었다. 또 『티마이오스』와 『크리티아스』에서는 '아틀란티스' 이야기를, 『파이드로스』에서는 '혼의 두 날개'에 대한 이야기도 풀어 놓는다.

이렇게 다양한 신화를 지어낸다고 특별한 논증의 효과를 보는 것은 아니다. 하지만 더 이상 어떤 논리로 설명할 수 없을 때, 정서적인 공감을 불러일으켜 독자의 행동 변화를 이끌어 내려는 것이 플라톤이 의도한 바일 것이다. 시인들이 지어내는 이야기에 비판적이었던 플라톤이 신화를 적극적으로 사용하여 교육적 효과를 지닌 이야기의 본을 보여 주었다고 할 수도 있다. 올바른 사람이 행복한가, 올바르지 못한 사람이 행복한가에 대한 답으로 신화를 보여 주고 올바른 삶에 대한 보상을 제시하면서 플라톤은 『국가』를 마무리하고 있다.

4장

조화로운 우주와
이상 국가,
그리고 법률

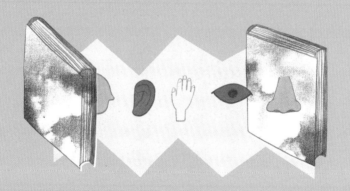

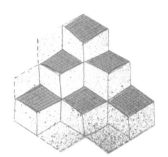

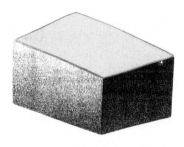

이상 국가와 조화로운 우주

우리가 말한 그런 이상 국가는 과연 현실에서 가능한 것일까? 아마도 불가능하다고 생각하겠지? 하지만 그런 국가가 가능할지 불가능할지는 몰라.

오, 저기 티마이오스 님이 오시는군.

"티마이오스 님, 잘 지내셨죠? 지난번에 저와 이야기하던 것 마저 이야기해 주시죠."

"그러지요. 플라톤 님. 예전에 우리가 이상 국가에 대해 이야기했을 때, 의문을 품었지요. 과연 그런 나라가 있을 수 있느냐고요. 그리고 그런 나라가 존재하는 것은 이 우주와 어떤 관련이 있느냐고 했지요. 상당히 좋은 이야기였는데, 시간이 부족해서 이어가지 못했죠."

"예, 맞습니다. 저도 그런 이상 국가의 현실적인 본보기가 있으면 좋겠다고는 생각합니다만……"

"하하. 당연하지요. 그런 국가는 이미 예전에 있었답니다. 사람들이 잘 몰라서 그렇지 아테네의 오래전 모습이 바로 그런 모습이었다는 이야기가 전해져 오지요."

"정말, 옛날 아테네의 모습이 그런 이상 국가였단 말입니까? 그렇다면 지금도 불가능한 것이 아니겠군요."

"그렇지요. 아주 오래전에 아테네는 매우 강력한 국가였답니다. 그 넘치는 힘은 지금의 아테네보다 훨씬 늠름했지요. 게다가 맞상대였던 나라는 바로 아틀란티스라는 전설의 나라고요. 헤라클레스의 두 기둥 너머에 있는 그 나라는 엄청난 세력으로 헬라스를 압박해 왔고 아테네의 용사들은 그들을 물리쳤지요. 그런데 갑자기 지진이 일어나면서 그 섬이 가라앉고 우리 조상도 거의 절멸했다네요. 그래서 우리가 그때의 일을 잘 모르는 것이지요. 하지만 그 이야기는 우리에게 분명한 사실을 알려 줍니다. 우리 인간들도 신적인 능력을 지니고 있었다는 점이죠. 세월이 지나면서 서서히 타락해 가고 신의 모습에서 멀어졌지만 다시 우리도 그런 상태로 돌아갈 수 있는 가능성을 말해 줍니다."

"그렇군요. 하지만 과거에 그랬다고 해서 앞으로도 그것이 가능한 것은 아니지 않습니까?"

"날카로운 질문입니다. 과거에서 미래로 일방적으로 나빠지기만 한다면 좋은 것은 분명 과거에만 있겠지요. 하지만 이 우주의 원리를

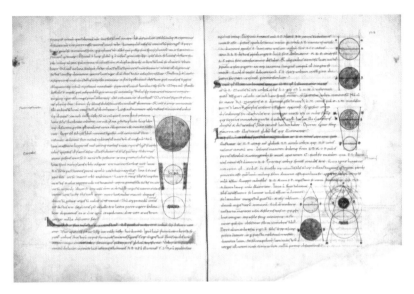

티마이오스 16세기 후반에 만들어진 『티마이오스』의 라틴어 필사본이다. 처음으로 『티마이오스』를 라틴어로 옮긴 사람은 4세기 무렵 칼시디우스로 알려져 있다.

살펴보면 그렇지 않다는 것을 곧 알게 될 겁니다."

"이상 국가가 실현될 수 있다는 것이 우주의 생성 원리와 연결되어 있다는 말씀인가요?"

"그렇지요. 우리가 살아가는 이 세계는 그냥 만들어진 것이 아닙니다. 우주는 무엇인가에 의해서 만들어졌습니다. 세상에는 '변하지 않는 좋은 것'이 있는가 하면 '항상 변하는 것'이 있는데, 우리가 볼 수 있는 이 우주는 감각의 영역에 해당하는 것이니 항상 변하는 것입니다. 이렇게 항상 변하는 것은 그 변화의 원인이 있기 마련입니다. 또

원인은 시초가 있기 마련이지요. 처음에는 '변하지 않는 영원한 것'에 따라서 '변하는 것'이 생성되어야 마땅하지 않겠습니까?"

"그게 당연하지요."

"그렇게 변하는 것들 중에서 가장 아름답고 질서 있는 이 우주는 당연히 '변하지 않는 것, 영원한 것'을 본으로 해서 만들어졌기 때문에 오직 합리적 설명과 지혜로서 포착될 수 있습니다. 이 우주를 창조한 장인, 데미우르고스는 모든 것이 최대한 자기와 비슷한 상태로 있기를 바랐습니다. 선하고 훌륭한 존재가 다른 것들이 나쁜 상태로 있기를 원할 리 없으니까요. 그래서 무질서하고 조화롭지 못한 재료들이지만 그것을 가지고 질서 있는 상태로 이끌었답니다. 그러기 위해 '지성을 지니지 못한 것'은 그 어느 것도 '지성을 지닌 것'보다는 못할 수밖에 없으니 일단 지성을 지니게 했죠. 그리고 지성은 절대로 혼과 떨어져 있을 수 없게 했습니다. 그에 따라 이 우주의 몸통 안에 혼이 깃들게 하고 또 그 안에 지성이 깃들게 했지요."

"그렇게 만들어진 완벽한 우주가 여기 말고 또 있을 수는 없는 건가요? 우리의 우주가 유일한 것인가요?"

"완벽하다는 건 결국 최고라고 할 수 있고, 최고는 둘이 될 수 없는 것입니다. 그러니 살아 있는 완전한 우주는 하나일 수밖에요. 완벽한 우주를 창조하는 데미우르고스는 또 다른 것을 만들어 내지 않지요. 완벽한 것을 추구해서 하나만 만들어 내니까요.

그리고 그런 우주가 우리 눈에 보이는 물체로 나타나게 되면서 불로 구성되었습니다. 보는 것은 빛이 있어야 하니까요. 또 단단한 것으로 드러나려면 흙으로 구성될 수밖에 없습니다. 그리고 그것을 결합해 주는 끈으로 비례가 필요하지요. 바로 수학적 비례라는 끈으로 물과 공기가 버무려져 이 우주는 창조되었습니다.

우주의 또 다른 특징은 바깥이 없고 완벽한 하나이기 때문에 더 생겨나지도 않고 늙지도 병들지도 않고 소멸되지도 않는다는 겁니다. 최대한 자기 동일성을 유지하기 위해 모든 방향으로 같은 거리를 갖는 구형으로 둥글게 만들어졌지요. 자기의 바깥으로 아무것도 남기지 않았으니 더 살펴볼 눈이나 귀도 필요 없습니다. 그래서 스스로 모든 것을 충족시키는 자가 되었답니다."

"그렇군요. 인간은 어떻게 생겨났나요?"

"완전한 우주를 만들고 나서 데미우르고스는 우주에 자신과 가장 근접한 것, 즉 신들을 만들어 냈어요. 해와 달과 지구, 그리고 금성, 화성, 수성, 목성, 토성. 신과 같은 일곱 천체는 원운동을 하면서 시간을 배분하는 일을 하게 했고, 가이아, 우라노스, 레아, 제우스 같은 우리가 아는 영원히 사는 신들도 만들었죠. 이것들은 '완전하고 변함없는 것'입니다.

하지만 이것만으로는 부족해서 사멸하는 것으로 또 다른 별들과 인간을 만들어 내지요. 인간은 신을 닮았지만 결국은 죽게 됩니다. 그것이 신들과 다른 점이지요. 데미우르고스는 자신과 다른 존재인 결국 죽게 되는 인간을 만드는 일은 자신이 창조한 신들에게 맡겼습니다. 데미우르고스가 만들면 죽지 않는 존재가 되기 때문에 신들에게 사멸하는 존재를 창조하게 한 것이지요. 신들이 창조한 인간은 우주의 혼들을 나누어 가지고 있고 올바름을 지니고 있습니다.

하지만 완벽한 존재가 아니어서 어떻게 살아가느냐에 따라 다음 생에서 태어날 것이 정해지는 윤회의 삶을 살게 됩니다. 만일 감각, 즐거움, 고통과 욕망, 두려움을 잘 지배하고 올바르게 살아가면 남자로 다시 태어나지만 만일 지배받게 될 때는 여자로 태어나게 되고, 그 이후에도 계속 타락하게 될 때는 그 기질에 따라 짐승으로 다시 태어나게 됩니다. 타락한 이후에 원래의 좋은 상태로 돌아가려면 이성으로 자신을 지배해야 합니다. 최선을 다해야 원래의 좋은 상태로 다시 태어나게 되지요. 그러니 인간은 바르게 살고 제대로 교육을 받아 혼의 운행을 올바르게 유지해야 해요. 그래야만 건전한 존재로 태어나게 됩니다."

"인간이 건전한 생활을 하면 신체의 건강을 유지할 수 있죠. 그런데 영혼의 건전한 상태는 어떻게 해야 유지할 수 있나요?"

"인간이 몸과 혼, 지성의 조화를 이룬다면 바로 건전한 상태라 할 수 있습니다. 인간은 신을 닮아서 영원한 것을 알아보는 지성을 지니고 있어요. 특히 눈을 통해서 우리 바깥의 빛들, 즉 불로 이루어진 것들의 질서를 살피는 일이 중요하죠. 이 세상에 존재하는 것들은 비슷한 것끼리 서로 알아보게 되는데, 우리 몸에도 불을 원소로 해서 이루어진 눈을 통해 불로 이루어진 것들을 알아볼 수 있지요.

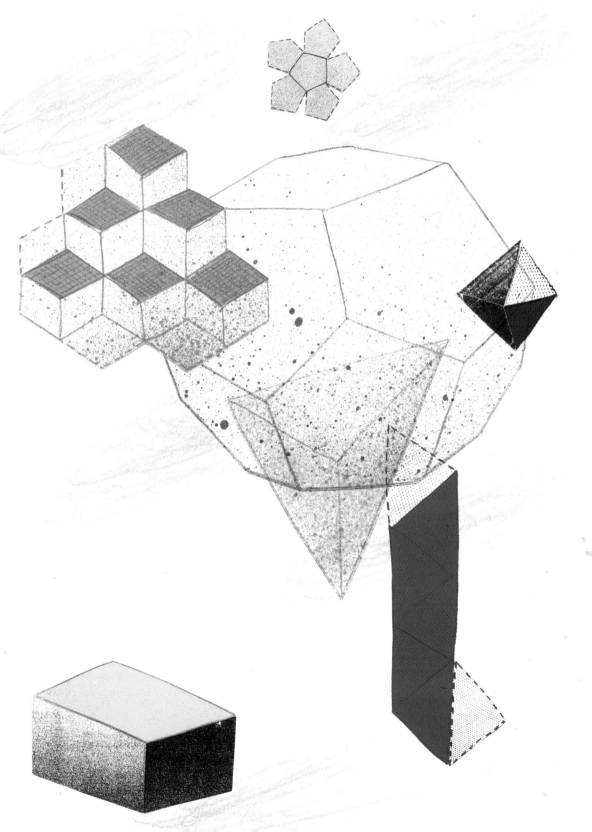

이 우주의 운행, 천구의 움직임을 살피면 수와 시간의 관념, 우주의 본성을 탐구할 수 있습니다. 그리하여 우리는 지혜에 대한 사랑과 철학을 시작하게 되고 우리 안에서 '지성의 회전'이 올바르게 이루어지도록 이끌게 되지요.

청각으로도 우리 안에 생겨난 조화롭지 못한 회전들을 다스리는 것이 가능합니다. 올바른 시가와 음악들을 통해서 리듬과 조화를 꾀하는 것이 그 방법입니다. 이렇게 지성에 기초해 만들어진 것들은 모두 '필연을 통해서 실현되는 것'을 깨닫게 해주고 혼은 '영원한 것'의 회전을 따라서 균형을 맞춰 나가지요. 우리 몸 머리에는 지성의 영혼이, 가슴 위와 아래에는 기개와 욕망의 영혼이 있습니다. 이 세 가지가 각각 제자리를 잡고 균형을 이루고 적절한 운동을 하고 적당한 영양을 공급받는다면 우린 신들이 인간에게 제시한 최선의 삶을 살게 된답니다."

"그렇군요."

"게다가 우리 몸을 구성하는 불과 물, 공기와 흙은 모두 근본적으로 어떤 요소로 이루어지는데, 그 근원을 알려면 수학과 천문학에 대한 깨달음이 필요합니다. 4원소를 수학적으로 탐구해 보면 모두 직각삼각형과 이등변삼각형의 결합으로 만들어지는 것을 알 수 있습니다. 안정적인 정사각형으로 만들어지는 흙(정육면체)과 뾰족한 삼각형으로 이루어지는 불(정사면체), 공기(정팔면체), 물(정이십면체)이 다시 어떻게 결합하고 나누어지느냐에 따라 무수한 것들이 만들어집니다. 서로 닮은 것은 결합하고 다른 것은 멀어지면서 우주(정십이면체)가 생성되고 생물이 만들어지고 인간의 감각기관과 팔다리와 장기가 만들어집니다.

일단 이런 모든 것에 깃들어 있는 필연적 원리를 잘 살펴야 합니다. 그리고 그 지나침과 모자람을 멀리하고 조화와 적절함을 꾀하는 것이 바로 인간이 신적인 존재로 살아가는 길이라고 할 수 있지요."

"결국에는 죽게 마련인 인간도 우주의 길을 따라 이상을 실현하는 것이 가능하겠군요. 우주는 불멸의 존재로 가장 아름답고 가장 완벽하면서, 지각할 수 있는 것 중에서 가장 위대하고 최선의 것이니까요."

"그렇지요. 이 모든 것을 지성으로 알아낼 수 있기 때문에 그에 따라 국가를 운영한다면 현실에서 이상 국가를 세우는 일이 불가능한 것만은 아니랍니다. 오히려 우주의 본성에 따르는 합당한 것이라 할 수 있겠지요."

"제 생각도 그렇습니다."

플라톤이 제시한 세계는 필연과 수학적 아름다움, 그리고 대칭에 의해 설명된다. 이 세상이 수로 이루어져 있다는 플라톤의 이야기가 황당하게 느껴질 수도 있다. 하지만 원자론을 조금이라도 공부해 본 사람은 알 것이다. 양성자와 전자의 개수에 따라 원자가 달라진다는 것을. 전자가 1개냐 2개냐에 따라 물질이 달라진다. 기체인 수소가 물이 되는 것을 떠올려 보자. 플라톤이 수를 통해 세상을 파악하려고 한 것은 이처럼 현대 물리학의 개념과도 비슷하다.

플라톤이 『티마이오스』에서 우주 창조를 두고 '데미우르고스'라는 존재를 끌어들인 데 대해서는 서로 다른 두 부류가 각각 자신에게 이롭게 해석하는 경향이 있다. 한 부류는 데미우르고스라는 초자연적인 존재, 신적인 존재에서 종교를 발견하는 사람들이다. 기독교를 이성적으로 해석하려는 사람들이 받아들이는 입장이다.

또 다른 입장은 데미우르고스의 역할은 처음 이후에는 등장하지 않으므로 플라톤의 이론은 순수하게 자연 과학적이라고 주장하는 사람들도 있다. 그들은 신의 개입 없이 오직 자연적 필연에 의해 운행되는 조화로운 세계를 제시한 플라톤을 예찬한다. 그들에게 신은 더 이상 필요하지 않다. 자연은 그 자체로 조화롭게 질서 정연하게 필연에 의해 운행될 뿐이다.

앎은 어떻게 가능한가

얼마 전에 세상을 떠난 제자가 생각나는군. 소크라테스와 똑 닮은 외모에 뛰어난 수학적 재능과 지성을 갖추고 겸손하기까지 했던 친구, 테아이테토스와 대화를 나누던 일이 눈에 선하네. 우리는 많은 이야기를 나누었지. 특히 프로타고라스의 인간척도설에 대해서, 그리고 우리가 안다고 하는 것이 과연 무엇인지에 대해서. '안다는 것'의 정의는 정말 쉽지 않은 일이야. 소크라테스와 대화를 나누던 젊은 시절부터 지금까지도 '안다는 것'에 대해 분명한 정의를 내리는 일을 멈추지 않고 있지만 언제나 다시 검토해야 할 것이 생겨나지.

테아이테토스가 말했지.

"프로타고라스가 말했던 인간척도설은 완전히 잘못된 것인가요?"

"테아이테토스, 자네도 알다시피 '안다는 것은 지각한다는 것이다.'라는 말은 문제가 있지 않은가? 그렇다고 논의하기 전부터 무조건 틀렸다는 전제에서 시작해서는 안 되지. 일단 우리는 우리의 지성을 가지고 최대한 검토를 해야 하네. 내가 대답하기보다는 자네가 스스로 탐구해 보게."

"아하. 또 산파술이군요. 저 스스로 제 안에 있는 진리에 대한 씨앗을 키워야겠지요. 물론 선생님께서는 모른다고 하실 거고요. 하하. 혹시 제가 최선을 다했는데도 진리를 잉태할 가능성이 없다면 그때 분명하게 이야기해 주세요. 거짓 임신이라고요."

"무슨 그런 농담을, 하하. 나는 상대방이 진리를 품지 못하고 있어서 출산이 불가능한 경우는 금방 알아낸다네. 하지만 자네는 그런 경우가 아니지. 일단 우리는 진단보다는 씨앗을 키우려는 노력부터 해야겠지. 프로타고라스가 '인간은 만물의 척도이다.'라고 이야기한 것은 어떤 의미인가?"

"인간은 저마다 감각, 지각을 지니고 있고 그 지각에 의해 자신이 처한 상황에서 보고 듣고 맛보고 안다는 것이지요. '지각이 바로 앎이어서 그 순간 사람마다 각각 느끼는 것이 바로 아는 것이다.'라는 말 아닙니까?"

"그 지각은 사람마다 다르겠지? 그리고 그 순간의 상황도, 그 대상도 좀 전에 있던 그것과 항상 같은 것은 아닐 테고. 그래서 진리란 그 순간 사람마다 다르게 느끼는 것이고, 그 순간 앎이 각자에게 진리라는 말이겠지?"

"그렇지요. 그래서 각자가 자신의 진리를 갖고 살아간다는 말로 볼 수 있습니다. 뿐만 아니라 각자 모두의 진리가 있기 때문에 무엇이 우위에 있는지 가리기 어렵다고 할 수 있겠죠. 바로 그 지점에서 문제가 발생합니다."

"무슨 문제지?"

"모두에게 느끼는 바대로 진리가 있다면 그 순간에 어느 누구도 더 낫다고 주장할 수 없습니다. 그러면 그런 각자의 앎에 대해서 더 나은 앎을 가진 사람도 없겠지요. 그렇다면 남들보다 더 현명하다고 스스로 주장하는 소피스트들, 그중에서도 최고로 보수를 많이 받는 피타고라스는 남들보다 더 낫다고 이야기할 수 없다는 거죠. 피타고라스 본인이 남들보다 더 나은 앎을 가지고 있는 것이 아닐진대 어떻게 그 비싼 수업료가 정당하다고 하겠습니까?"

"제법, 멋진 비판이군. 하지만 그건 말꼬리 잡는 것에 불과하지 않은가? 비싼 수업료하고 각자의 진리가 다르다는 것에 대한 비판은 좀 달라야 할 것 같군."

"그건 그렇습니다. 저도 그런 말장난 같은 비판보다는 좀 더 엄밀한 비판을 생각해 보는 중입니다. 각자의 지각이 앎이라는 것은 지각 자체가 확실하고 변함없는 경우에, 그리고 지각의 대상이 역시 변하지 않는 것일 때 의미가 있을 겁니다. 그런데 마치 꿈속에서처럼 우

리의 지각 대상이 실제로 존재하지도 않거나, 지각 대상이 좀 전과 금방 달라지는 경우에도 여전히 자신의 지각을 신뢰하고 맞는 것이라고 주장할 수는 없을 겁니다. 게다가 자신의 지각 능력도 꿈속에서나 환각 속에서는 신뢰할 수 없는 거 아닙니까? 이렇게 끊임없이 달라지는 세상에서 매번 다르게 지각할 수밖에 없는 인간들에게 어떤 것이 더 참된 것인지 제시한다는 건…… 모순이겠죠."

"물론 프로타고라스는 그 정도의 비판에 바로 동의하지는 않을 걸세. 아마도 더 나은 것이 있다고 이야기하겠지. 각자에게 다르게 인식되더라도 더 나은 것이 있다고 말일세."

"각자 다르게 생각하는데 더 참된 것은 존재하지 않는다고 하면서도 더 나은 것이 있다고 한단 말입니까? 하긴 그렇군요. 각자의 앎 중에서 무엇이 더 참이라고 할 수는 없지만 더 나은 앎이 되기도 하겠네요.

적어도 병자와 의사의 경우가 그렇겠죠. 병자는 자신이 아프다는 것을 압니다. 자신이 어디가 아픈지 환자보다 더 잘 아는 사람은 없죠. 또 환자는 자신의 아픔을 근거로 이러저러해야 낫는다고 생각하기도 하죠. 하지만 유능한 의사는 환자보다 더 많은 것을 알 겁니다. 그리고 환자에게 필요한 것이 무엇인지도, 어떻게 해야 낫는지도 제시할 수 있습니다. 이런 경우 환자가 알고 있는 것도 '참'이고 의사가 알고 있는 것도 '참'이죠. 하지만 무엇이 더 이로운 앎이냐고 물어본다면 '병자의 앎'보다는 '의사의 앎'이라고 해야겠죠.

그런 상황에서 병자를 설득해서 병을 낫게 해 주는 것이 의사가 할 일인 것처럼 소피스트들은 자신들이 각 나라의 의사라고 주장할 겁니다. 세계 여러 나라는 각 나라의 고유한 법과 질서를 가지고 자신에게 맞는 생활을 하죠. 거기에는 누가 더 나은 문화를 가지고 있다고 할 수는 없지만 적어도 그 나라마다 더 나아지게끔 이끌어 주는 정치가나 조언자는 있을 수 있죠. 그런 역할을 하는 것이 소피스트라고 말할 겁니다. 아마도."

　　"그렇지. 그런 의견을 내세울 것이네."

　　"그렇지만 그것도 잘 들여다보면 문제가 있습니다. 첫째, 사람들마다 자신의 의견이 옳다고 주장하는 경우를 생각해 보죠. 둘째, 프로타고라스도 자신의 의견이 옳다고 하겠죠. '인간들 각자의 의견이 다 참이다.'라고 말입니다. 셋째, 그런데 사람들이 대부분 자신들의 의견은 남들보다 더 낫다고 생각하는 것이 사실 아닙니까? 꼭 그렇지 않다 하더라도 누군가 다른 사람보다 더 나은 생각을 가지고 있고 많은 사람이 거짓된 생각을 한다고들 말하죠. 넷째, 그런 사람들의 의견도 '프로타고라스'의 입장에서는 참이라고 인정할 수밖에 없습니다. 그의 의견대로 하자면 모든 사람들의 의견은 참이라는 것이니까요. 다섯째, 그런데 사람들의 주장은 더 나은 의견도 있고 못한 것도 있기 때문에 모든 의견이 참이라는 '프로타고라스의 의견'은 거짓이라고 몰아붙일 수밖에 없는데요. 여섯째, 그렇더라도 '프로타고라스는 자신의 주장'에 대해 일관성을 지키려면 남들이 '프로타고라스가 거짓을 말한다.'고 하는 것도 참이라고 인정해야 하고 결국 '자신의 의견이 거짓이라는 것'을 인정하게 되어 있습니다. 자신이 참이라고 주장한 것에서 자신이 거짓을 말하고 있음을 인정하는 결론으로 이끌게 되죠."

"대단하군."

"그래서 좀 더 생각해 본다면 이렇습니다. 프로타고라스처럼 앎을 지각이라고 정의하고 각자의 지각에서 '참'을 찾는 것에는 문제가 있다고 보입니다. 때문에 지각보다 좀 더 정확한 말이 필요한 듯합니다. 제 생각에는 아마도 앎은 참된 판단이 아닐까 싶습니다."

"그건 무슨 말인가?"

"우리가 지각하는 것들, 즉 경험하는 것들은 시각이나 청각, 촉각으로 알게 되는 것만은 아닙니다. 그런 경험을 잘 살펴보면 경험으로는 설명할 수 없는 것들이 있습니다. 다른 것과 비슷하다든가 다르다든가 하는 판단, 여러 사물이 있다는 그 판단은 어떤 감각기관이 작용해서 알고 느끼는 것이라고 할 수가 없습니다. 그건 아마도 영혼에 의해서 알게 되는 것일 텐데요. 그런 것들이 함께할 때만이 앎이라고 할 수 있을 듯합니다. 태어나면서부터 누구나 갖게 되는 지각에 의한 경험이 아니라 오랜 시간 교육받으며 터득된 추론 같은, 영혼의 수련이 필요한 부분이죠. 그래서 저는 이제 '앎은 참된 판단이다.'라고 주장하려고 합니다. 물론 검토해 보고 다시 수정해야 할 것이 분명합니다만."

"엄청난 진전을 보였군. 자네 말대로 얇은 거짓 판단이 아니라 참된 판단이란 것이 훨씬 더 훌륭한 말이라고 생각하네. 프로타고라스를 넘어섰네 그려. 그런데 말일세. 거짓 판단이란 무엇인가? 어떻게 거짓 판단이 가능하지?"

"참된 판단이란 아는 것이 확실하다는 것이겠죠. 예를 들어 우리 마음속에 밀랍 서판이 있다고 해 보죠. 그 서판에는 소크라테스와 테아이테토스의 얼굴이 새겨져 있습니다. 그런데 저기 오는 사람이 그 두 사람이 확실하다고 생각하고 그 얼굴과 일치한다는 판단을 하면 바로 옳은 판단이 될 것입니다. 그런데 만일 두 사람이 너무나 닮아서 멀리서 볼 때는 잘 구별되지 않는 바람에 반대로 판단하게 되었다면 그것을 거짓 판단이라고 할 수 있겠죠. 두 사람에 대해 알고는 있지만 그 두 사람을 확실하게 파악하기 힘든 때 잘못된 판단을 하면서도 그것이 맞는다고 확신하는 경우가 있을 듯합니다."

"멋진 비유이군. 그런 밀랍 서판이 있다면 기억력이 좋은 사람과 나쁜 사람, 빨리 배우는 사람과 느린 사람, 잘못된 판단을 하는 사람들도 모두 예를 들어 볼 수 있겠군."

"예, 그럴 것 같습니다. 크고 넓은 서판에

무른 재질을 가지고 있는 사람은 쉽게 배우는 사람이고 그 판에 새기는 인상이 깊은 자국을 남기며 확실하게 새겨지는 경우는 잘 배우는 사람이겠네요. 단단한 재질이어서 잘 새겨지지 않는 사람은 배움이 느린 경우이 겠고, 그럼에도 오래 지워지지 않는 것은 한번 배운 것을 잘 잊지 않는 사람이겠군요. 여러 가지 오물이 섞인 사람들은 자주 틀린 판단을 하는 사람들이고요. 하하."

"그럴듯하군. 그런데 어떤 사람은 인간의 앎의 과정을 새장에 비유하기도 하더군. 우리가 마음에 새장을 가지고 있어서 어떤 새를 그 안에 잡아 두는 것이 마치 앎을 지니고 있는 것과 같다는 거야. 그 새를 언제든지 잡을 수 있는 능력이 있다는 것은 배움의 능력이 있다는 것이고 그 새를 잡고 있을 때는 알고 있는 것이고 새를 놔 주면 잠시 잊고 있다는 것이지. 그래서 언제든 다시 사냥해서 잡을 수 있는 능력이 있다는 것은 잘 알고 있다는 것과 같은 것이네.

새를 사냥해서 다른 사람의 새장에 넣어 주는 것은 가르침을 주는 것이고 그 새를 받는 것은 배우는 것이라고 할 수 있겠지. 가끔 어떤 사람들은 자신이 비둘기를 사냥하려고 했는데 까치를 잡아 두고서 비둘기로 아는 경우도 있지. 그런 때 잘못된 판단, 거짓 판단이 생긴다고 할 수 있다네."

"예, 거짓 판단에 대해서는 이제 확실하게 알게 된 것 같습니다."

"훌륭하네, 테아이테토스. 이제 우리는 거짓 판단에 대해서는 알게 되었네. 그런데 좀 이상하지 않은가? 새장에서 새를 잘못 잡았다는 것은 과연 어떻게 알 수 있을까? 만일 잡지 못했다는 것을 알려면 어떤 새를 잡아야 하는가? 다시 말해 우리는 무지에 대해 알았다고 할 수도 없고 모른다고도 할 수 없다네. 게다가 우리가 사실 앎이 무엇인지에 대해 정확하게 알지도 못하면서 거짓 판단에 대해서 확실하게 알게 되었다고 하는 것은 뭔가 순서가 바뀐 것이 아닐까? 앎이란 무엇인지 정확하게 알고 나서 알게 되었다, 잘못 알고 있다는 식으로 말하는 것이 순서에 맞는 것 같은데. 우린 아는 것이 무엇인지도 모르면서 알고 있다는 말을 너무 무책임하게 쓰고 있는 것 아닌가?"

"그도 그렇군요. 잘 모르면서 안다고 말하고 있습니다. 안다는 것이 무엇인지 모르면서, 모르는 상태를 안다고 하는 말을 하고 있네요. 또 제자리로 돌아온 것인가요?"

"그렇게 되었군. 하지만 너무 낙망하지는 말게. 제자리로 돌아와서 텅 빈 것 같아도 다음에는 더 발전되어 있다는 것을 알게 될 걸세. 다음 시도에서 무엇인가 잉태해 낼 수 있을지도 모를 일 아닌가. 우리가 또 검토해 볼 문제로 '앎은 설명으로 이루어진 참된 판단이다.'는 말도 있다네."

"그럼 다시 힘을 내서 그것에 도전해 보아야겠군요."

『테아이테토스』 편에서는 '산파술'을 통해 앎을 탐구한다. 사실 이전 대화편 『프로타고라스』와 『메논』에서도 앎에 대한 진지한 논의가 있었다. 앎에 대한 또 다른 해결책으로 비교와 대조를 사용하고 개념을 분석하여 같은 특성을 모으고 종을 나누어 가는 '변증법'은 『소피스트』, 『정치가』 등의 대화편에서 제시된다.

'소피스트', '정치가'는 과연 어떤 부류에 속하는가? 소피스트에 대해 제대로 알려면 일단 그 속성을 분류해 보는 작업이 필요하다. 여러 가지로 나누어 보고 그것을 다시 모아서 보아야 한다. 비슷해 보이는 소피스트와 정치가, 철학자를 제대로 구분해 내야 진정한 정치가인 철학자를 파악할 수 있다고 플라톤은 보았다. 그래서 소크라테스와 외모가 닮은 '테아이테토스'와 이름만 같은 '소크라테스'를 등장시켜 비슷한 것을 구별하고 본질을 파악하는 변증법을 제시하여 독자 스스로 연습하도록 대화를 이끌어 간다.

플라톤에게 개념의 정의는 매우 중요했다. 일생 동안 끊임없이 탐구된 중요한 주제였다. 또한 확실한 앎에 대한 추구, 궁극적 앎에 대한 열망을 어떻게 해소할 것인가에 대한 방편으로 산파술과 변증법도 노년에까지 지속적으로 탐구되었다.

즐거움에 관하여,
지혜의 또 다른 모습

예전에 '좋은 삶'에 대하여 강의했
던 일이 떠오르는군. 대체 생각이 없는 인간들이 엉뚱한 소리를 하곤
하지. 내 강의에서 부와 명예, 권력을 얻는 법을 기대하고 강의를 들
으러 온 엉뚱한 인간들이 있더군. 나에게 그런 걸 기대하다니 마치
사자가 풀 먹는 것을 보러 오는 것과 무엇이 다르겠는가?

적어도 내 강의를 들으러 온다면 참된 것들에 대해 알려는 자세를
갖추어야지. 참되고 좋은 것이 무엇인지, 참된 행복과 참된 즐거움이
무엇인지…….

저기 오고 있는 이가 누구인가. 음, 오늘은 젊음을 사랑하는 '필레
보스'와 이야기를 나누어 볼까?

"이봐, 필레보스. 자네는 오늘도 레슬링으로 체력 단련을 하려고 왔는가?"

"아, 예. 플라톤. 프로타르코스와 함께 건강을 증진시키려고요. 건강하다는 것, 젊음을 즐긴다는 건 정말 즐거운 일 아니겠습니까? 저는 즐겁게 살기 위해 오늘도 애쓴답니다. 즐거움이야말로 진정으로 좋은 것이지요. 당신은 지성이 더 중요하다고 하겠지만요. 하하."

"무슨, 나도 즐거움에 대해 충분히 인정하고 있다네. 즐거움, 쾌락이 없는 인생이란 얼마나 무미건조한가. 적어도 저녁에 포도주 한 잔하고 대화하는 즐거움이 없다면 인생은 삭막하기 그지없을 걸세."

"의외인데요, 플라톤 님이 그렇게 생각하실 줄은 몰랐습니다. 항상 수학과 천문학을 통해 세상을 통찰하는 것에만 관심 있는 줄 알았는데요. 뜻밖입니다."

"이 사람, 필레보스. 나는 그런 사람이 아니라네. 내가 생각하기에는 즐거움과 지성은 서로를 잘 모르고 있는 것 같아. 자네가 나에 대해 잘 모르는 것처럼 말이야."

"그런가요? 그럼 당신도 저처럼 즐거움이 이 세상에서 가장 좋은 것이라고 생각하신단 말입니까? 지성은 한낱 고리타분한 것일 뿐 오직 즐거운 순간들로 인생이 채워져야 한다고 말이죠. 항상 우리 인간은 즐거움을 추구하죠. 먹고 마시고 놀고 자고…… 언제나 그런 것들의 연속이면 얼마나 즐거울까요? 항상 놀고먹는 삶."

"물론 많은 사람이 그렇게 생각하지. 놀고먹는 삶, 남들의 주목을 받는 삶, 건강하고 부유한 삶. 그런 삶이 진정 행복이라고 여기고 살지. 그중에서도 가장 중요하게 여기는 것은 즐거움이고. 돈이나 명예, 건강도 다 즐거움을 위해서 존재한다고 믿지. 그렇지만 난 그렇게 생각하진 않는다네. 지성 없이는 즐거움 그 자체가 성립할 수 없는 것이니까."

"아하, 또 무슨 논리로 절 괴롭히시려고요? 절 괴롭히려고 하셔도 소용없습니다. 전 오직 즐거움으로 모든 걸 극복할 겁니다. 그 어떤 논리로 괴롭히려고 하셔도 이전에 즐거웠던 기억이 지금 이 괴로운 상황을 사라지게 할 테니까요!"

"이봐, 필레보스. 자네는 이미 지성의 포로가 되었네. 자네가 지금의 괴로움을 이기기 위해 과거의 기억을 사용한다고 하지 않았나? 그렇다면 자네가 지금 즐거워도 그건 오직 지성에 의지해서만 가능한 것이지. 만일 자네가 기억을 사용하지 않는다면 그 즐거움을 누릴 수 없지 않겠나. 어떤가? 자네가 지금 즐거워하려면 지성이 없이는 불가능하지 않겠는가?"

"음, 벌써 당했군요. 그건 그렇습니다. 하지만 지성의 작용 없이 그저 순수한 즐거움이란 과연 없는 것일까요? 있지 않을까요?"

"글쎄, 있을까? 혹시라도 그런 것이 있다고 생각해 보세. 하지만 그런 즐거움을 느낄 수 있는 것 자체가 뭔가를 안다는 지성이 작용할 때만 가능한 것이 아닐까? 그러니 우리가 즐거움을 그 자체로 느끼려고 해도 지성에 의지하지 않고는 불가능하다네."

"하지만 그렇다고 지성 자체가 가장 좋은 것이라는 게 판명되는 건 아니잖습니까?"

"그렇다네. 나도 그게 고민이야. 지성 자체로는 가장 좋은 것일 수가 없지. 아까 말한 것처럼 고통도 즐거움도 느낄 수 없는 상태, 오직 평안한 지성만 작용하는 상황은 신적인 상태이지만 나는 그렇게 살고 싶지는 않군."

"하하, 그럼 비겼네요. 즐거움도 지성도 오직 그 하나만으로는 가장 만족스러운 것, 제일 좋은 것이라고 할 수 없으니까요."

"그런 셈이지. 아마도 즐거움과 지성이 적절하게 혼합된 상태가

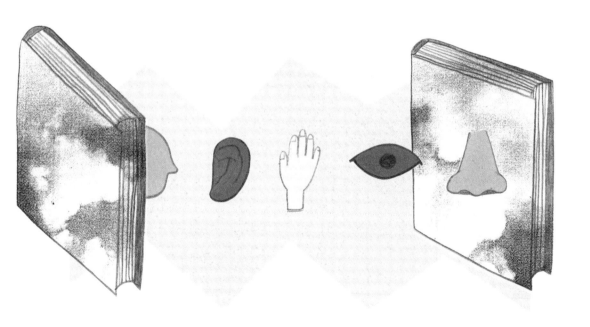

'가장 좋은 것'이겠지. 하지만 그것이 '좋은 것' 중에서 으뜸 상이라면 두 번째 상은 누구에게 주어야 할까?"

"제 생각에는 그건 아마도 즐거움과 지성의 혼합과 관련된 바로 그 '조화로움, 균형, 아름다움' 등이 중요하지 않을까요? 즐거움이나 지성도 결국에는 어떻게 섞이고 어떤 비율로 이루어지는가에 따라 좋은 것이 될 테니까요. 진리는 균형을 이루기 때문에 더 아름답죠."

"훌륭해. 그다음 세 번째 상은 누가 탈까? 아마도 지성과 지혜가 아니겠는가. 왜냐하면 '즐거움'은 그 자체로 좋다고 하기에는 좀 문제가 있네. 가끔 거짓된 즐거움도 있으니까. 아까 자네가 과거를 추억하며 현재를 견디려고 했던 것처럼 사실이 아닌 즐거움도 있고, 남을 괴롭히며 즐기는 것처럼 올바르지 않은 즐거움도 있지. 그리고 즐거움에는 언제나 과도한 것들이 있어서 정도가 지나친 문제가 있고, 아름답지 않은 것에서 웃음을 느끼는 괴상한 즐거움도 있으니까. 결국 즐거움은 '좋은 것'에서 좀 멀리 있다네."

"결국 지성에 세 번째 자리를 마련해 주시는군요."

"이거 미안하게 되었네. 네 번째 자리라도 즐거움에 내주어야 할 것 같군."

"즐거움보다 앞선 것이 또 있군요. '지식이나 기술'은 그 참됨이 즐거움보다 낫고, '좋은 것'에 더 가깝죠. 결국 즐거움이 다섯 번째가 되겠네요."

"그렇다네. 지식과 기술을 탐구하는 영혼의 '순수한 즐거움'을 빼

놓을 수 없지. 다른 즐거움들은 감각에서 생겨나서 결국 과하거나 비워지면 고통을 가져오는 욕망을 채우는 즐거움이니까."

"오늘도 저는 설득당하고 말았군요. 하지만 사실 잘 모르겠습니다. 건강하고 부유하게 살며 맛있는 것을 먹는 즐거움이 '가장 좋은 것'이 아니어서 제 마음에는 들지 않는군요."

『필레보스』는 '즐거움'에 대한 대화편이다. '필레보스'라는 이름은 젊음을 사랑한다는 의미이다. 젊음은 즐거움을 마음껏 누릴 수 있는 시기이다. 그리고 젊음을 사랑한다는 것은 또한 쾌락에 빠진다는 것을 의미한다. 물론 쾌락이라고 하면 그 어감이 그다지 좋게 들리지는 않지만, 쾌락에는 정신적인 쾌락과 건전한 쾌락도 포함된다. 그런 쾌락은 우리 삶에서 중요한 의미를 지닌다. 플라톤이 상당히 근엄하고 절제된 생활 방식을 좋아한 것은 사실이지만 순수한 즐거움까지 멀리한 것은 아니다. 지성의 지도를 받는 즐거움이 우리 삶에서 중요하다는 것을 그도 인정하고 있다.

오늘날 우리는 삶에서 즐거움을 누리는 것을 가장 중요하게 생각한다. 여유를 가지고 즐겁게 살려고 열심히 공부하고 일하는 것 아닌가. 이를 위해 플라톤은 쾌락에 맹목적으로 끌려다니지 말고 지성의 지도를 받는 균형 잡힌 즐거움을 누리라고 충고한다.

현실에는 법률이 필요하다

내 생애의 마지막 이야기를 해야겠군. 아, 피곤하다. 하지만 나른하고 행복하기도 해. 오늘 결혼하는 이에게 신의 축복이 있기를…….

요즘 내가 쓰고 있는 것은 『법률』이야. 아카데미아의 제자들이 실제로 도시 국가를 이끌어 가는 데 지침이 되는 글이지. 이상적인 본에 따라서 이루어지는 실제로 가능한 사회의 법률. 사실 모든 이들이 철학자가 될 수도 없고 모든 이들이 정치가가 될 수도 없지. 각자의 능력을 잘 발휘해서 조화를 이루고 행복하게 살아가는 사회를 보여 주는 것이 내가 할 수 있는 마지막 일이야.

아직 완벽하게 마무리되지는 않았지만 초고의 상당한 부분이 정리되었어. 하긴 살아 있는 이 세상에 완벽한 것이 어디 있겠는가? 지금까지 내가 해 온 작업들이 일단 초고를 거쳐 충분한 숙고의 시간이 흐르고 대화로 매끄럽게 정착하는 과정을 거쳤는데, 이런 방식으로 작업을 하다 보니 이제 좀 힘이 떨어지는군. 시간도 부족하고. 허나 어쩌랴. 할 수 있는 데까지 최선을 다해야지.

아, 저기 신랑이 오는군.

"젊은 친구, 결혼을 축하하네. 자네가 서른다섯을 넘기지 않고 결혼하게 되어서 다행이야."

"플라톤, 고맙습니다. 저의 결혼식을 축하해 주시니, 그런데 서른다섯을 넘기지 않아서 다행이라니요? 저는 마흔은 되어서 결혼하려고 했는데요. 그때까지 즐기고 나서 시민의 의무를 다해도 늦지 않을 것 같은데요. 하하."

"예끼, 이 사람아. 농담이라도 그러면 안 되네. 좋은 것을 배워야지. 적절한 나이에 결혼해야 우리 인간의 불멸에 대한 욕구가 제대로 실현되는 법일세. 너무 늦으면 2세에게 안 좋아. 내가 권하는 법률안에도 그 규정을 넣을 생각이네. 남자는 35세, 여자는 20세가 넘어서도 결혼하지 않으면 벌금을 내도록 할 생각이야."

"그런가요, 하하. 저희는 다행히 법을 어기지는 않았네요. 그런데 그『법률』은 어떤 내용인가요?"

"궁금한가? 결혼식도 자네의 지적 호기심만큼은 막을 수 없나 보군. 결혼식 날이라고 술에 취해 정신 못 차리는 것은 결혼에 대한 예의도 아니고 2세를 위해서도 신중하지 못한 태도지. 진지한 자네야말로 내 이야기를 듣기에 딱 맞는 상대네. 내가 현재 쓰고 있는 대화편 『법률』은 『국가』에 이은 대작이라네. 내가 그동안 숙고해 온 모든 것을 쏟아붓고 있지. 이전 대화편들의 내용이 거의 다 정리되어 나온다네. 나도 이제 인생의 막바지 아닌가. 정리가 필요한 나이지."

"무슨 말씀을 그렇게 하세요. 아직도 충분히 현역으로 활동하실 나이인데요."

"80세라면 충분히 살 만큼 살았네. 내가 구상하는 도시 국가 '마그네시아'에서도 호법관은 70세, 감사관은 75세가 정년이라네. 하하. 하긴 '새벽녘 야간회의'는 호법관들이나 수훈을 세운 사람들 중에서 선발하니 좀 더 나이 든 사람들일 수도 있겠군."

"아, 새로 구상하는 나라의 이름이 '마그네시아'군요."

"그렇다네. 우리 아테네인도 해외 이주 도시를 자주 만들지 않나? '마그네시아'는 5,040가구로 이루어진 내륙의 이주 도시라네. 외부와의 교역은 최소한으로 허용되고 자신들의 농토에서 생산하는 것을 바탕으로 자급자족하는 12개 부족이 원형으로 모여서 나라를 이룬다네. 쓸데없는 교역은 사람들에게 부에 대한 헛된 욕망만 부추기지. 흥청망청 마시고 노는 데에 흥미를 느끼다 보면 진실한 영혼의 행복은 멀리하게 된다네. 그래서 교역을 중심으로 하는 나라가 아닌 자급자족으로 자신을 충분히 돌볼 수 있는 곳에 나라를 세워야 하지.

개인이 재산을 가질 수 있지만 가장 부유한 자와 가난한 자의 차이가 일정 한계를 넘어서지 못하게 해야 하고, 최대 차이는 네 배를 넘지 않아야 하네. 그래서 토지도 거래할 수 없는 토지가 있고 거래할 수 있는 양에도 제한을 두었다네. 시민들이 재산을 늘리기 위해 기술이나 장사에 신경 쓰기보다는 자신의 영혼을 아름답고 올바르게 이끄는 일에 관심을 둘 수 있게 했네. 공동 식사도 불필요한 것에 대한 욕망을 절제하는 데 도움이 될 테고."

"그렇군요. 그곳에서 가장 중요한 역할을 하는 것은 '새벽녘 야간회의'겠군요? 그런데 왜 하필 '새벽녘 야간회의'지요?"

"모두가 잠들고 아직 활발하게 활동하기 전, 개인적인 일에서나 공적인 일에서 벗어날 수 있는 가장 고요하고 한가로운 시간이기 때문이지. 이 나라에서 가장 지혜로운 자들로 검증된 사람들이 모여서 해뜨기 전까지 나라의 중요한 일들을 의논하는 시간이지. 여기에는 30~40세의 젊은 후계자들도 함께 참관하게 한다네.

그들은 모두 부분은 전체를 위해서 존재한다는 것의 의미를 이해하고 수학과 철학, 천문학에도 조예가 깊다네. 항상 새롭게 변화하고 발전하는 법률만이 모두를 위해서 이롭다는 것을 알고 외국에 나가서 문물도 보고 배워 오되 남들에게 나쁜 영향을 주는 이야기는 삼갈 줄 아는 이들이지. 중요한 사람들이기 때문에 만일 부적절한 언행을 보이면 다른 이들의 곱절에 해당하는 벌을 받아야 하네. 그들은 나라 전체를 위해서 법을 집행하는 것이지, 그 수가 많든 적든 간에 일부를 위해서 집행하는 것이 아니라는 점을 잘 알고 있다네."

아테네 학당 라파엘(본명 라파엘로 산치오, 1483~1520)이 1511년 바티칸 궁전의 한 방에 그린 유명한 벽화이다. 고대 그리스의 철학자 58명이 한 방에 모인 것을 상상하여 그린 그림이다. 맨 가운데가 플라톤과 아리스토텔레스이다.

"그들에게 나랏일을 맡기면 정말 좋겠네요. 하지만 많은 사람들은 자신이 가장 똑똑하다고 생각할 뿐만 아니라 자신의 이익을 위해서 정치를 하는 것이 정당하다고 주장하잖아요. 그들은 이런 공동체를

위한 헌신에 대해 비웃
거나 심지어 신들조차
뇌물로 꾀일 수 있다고 하
잖습니까?"

"자네 말처럼 살아가는 이들도 많이 있지. 내가 보기에는
시민의 절반은 그런 생각을 하는 것 같네. 신들이 있지도 않다고 생
각하거나 신들이 인간사에 무관심하거나 혹은 잘못된 일도 제물을
받고 눈감아 준다고 생각하는 이들이지. 어쩔 수 없어. 그런 사람들
은 법의 심판을 받게 해야 하네. 그래서 최소한 그런 생각을 대놓고
말하지 못하게 해서 순진한 다른 사람들을 물들이는 일이 없도록 해
야 하네.

또 나라의 교육 제도를 강화해서 신들이 서로 속이고 숨기는 데 능
통한 것처럼 말하는 시인들도 신들에 대해 잘못된 이야기를 지어내
지 못하게 해야 해. 물론 법에 강제로 복종하게 하는 것보다는 자발
적으로 이해하게 하는 것이 더 낫다네. 모든 이들이 올바르게 생각한
다면 자연히 따라야 할 법에 대한 이해를 구해야지. 세상에는 신들이
존재하고 그들이 모든 것을 올바르게 이끌어 가는 데 관심을 가지고
있다는 것을 알려야겠지. 영혼에 건전함을 불어넣고 자신의 자유와
다른 이와의 우애를 생각하게끔 해야지. 그리고 가장 지혜로운 자들
의 지혜를 모아서 법률로 만들고 끊임없이 보완하여 그 지혜를 함께
나누려 한다는 점을 이해시켜야만 한다네."

"저도 그렇게 되면 좋겠습니다만, 그게 현실적으로 가능할까요?"

"물론 지금 이 사회에서는 그런 일이 현실적으로 어렵다네. 새롭게 이주민의 도시가 만들어질 때 이런 논의에 찬성하는 사람들로 시민을 구성하면 어느 정도 이루어질 수 있겠지. 만일 현재 사회에서 그런 일을 실현하려고 하면 엄청난 반발에 부딪힐 걸세. 그렇다고 아주 불가능한 것도 아니지. 누군가 아주 강한 권력과 대단한 인기를 기반으로 사람들의 반발을 무시하고 대중을 이끌 수 있는 위치에 있다면 한 번쯤 시도해 볼 만한 일이지. 그가 젊고 단호하며 배움에 열의를 지닌 철인 왕, 즉 철학자로서 최고 통치자의 자격을 가지고 있다면 참주에서 철인으로 변화하는 것도 가능하겠지."

"현실적으로 그럴듯하기도 합니다만, 참주에게서 철인의 가능성을 발견하는 것은 너무 어렵고 위험한 일인데 그렇게까지 모험을 할 필요가 있을까요?"

"글쎄, 난 그게 어느 정도 가능하다고 생각하며 살아왔네. 디오니시우스 2세나 디온의 경우, 그런 가능성을 보았지. 물론 그런 독재적 권력은 매우 위험하지. 『법률』에서는 모두의 집단 지성이 합치된 것으로 법률과 새벽녘 야간회의를 말하지만, 가장 효율적인 체제는 법률보다 적절한 대처를 해 줄 뛰어난 통지사의 다스림일세. 법률로 일정하게 적용하기보다는 상황과 때에 알맞게 처방해 줄 통치자 말이네. 더욱이 그런 통치자의 존재는 전쟁 상황에서 반드시 필요하지. 때로는 똑같아 보이는 상황에서도 다른 해결책이 나와야 하니까. 게

다가 그런 강력한 권력은 불필요한 절차들을 생략하고 시행착오를 줄이면서 올바른 국가 체제로 나라의 모든 것을 신속하게 바꾸어 갈 수 있다네. 흔히 말하는 다수의 정치보다 효율적이지."

"전쟁 상황에서 더 효율적이라는 이야기는……."

"항상 전쟁의 위험을 안고 살아가는 우리의 현실에서 시민은 전쟁터에서 군인답게 지휘관의 지시에 복종해야만 용맹을 발휘할 수 있다네. 전쟁터의 긴박한 상황을 생각해 보면 오직 지휘에 대한 복종만이 삶을 보장해 주지 않는가. 우리는 언제 전쟁이 터질지 모르는 상황에서 살아가고 있네. 게으르고 나태한 삶의 방식은 우리를 죽음으로 몰아가겠지. 평소에 강건하고 활동적이며 절제된 삶을 살아가고 전쟁에 대비해 남녀 모두 적절한 훈련을 해 왔다면 어떤 외적의 침입도 쉽게 물리칠 수 있을 것이네. 그리고 더 이상 침략을 받을 일도 없을 걸세. 마그네시아의 교육 체계는 전시를 염두에 두고 체육과 음악, 시가 활동 과정으로 구성되었네. 용기와 강인함을 노래하고 비겁과 나태를 꾸짖는 시가와 음악을 시민들에게 들려주고 평소 체육과 식사, 가정생활을 꾸려 간다네."

"우리 곁을 맴돌고 있는 전쟁의 그림자를 생각하면 그건 받아들일 만합니다만, 평화로운 시대에도 그런 이야기가 사람들에게 설득력이 있을까요? 사람들은 좀 더 풍요롭고 자유롭게 살기를 원하지 않습니까? 자신의 운명도 자신이 결정하기를 원하고요."

"물론 평화가 지속되는 사회에서는 또 다른 생활 규칙을 만들어야 할지도 모르지. 하지만 그런 일이 과연 있을까? 어떻게 살아야 할지 알지도 못하는 사람들에게 자신의 운명을 결정하라고 하면 틀림없이 방탕하고 오만 방자한 생활을 할 걸세. 자신의 능력은 모르고 자신의 자유만 주장하는 무례한 자들의 세상이지. 오직 힘만이 존재하는 무법 세상일세. 차라리 그들의 본분에 맞는 일을 주어 최선을 다하게 하고 절제와 복종을 가르치는 것이 영혼의 탁월함과 신체적 건강을 위해서 좋은 일이 될 것이네. 모두를 위해서 살아가는 것이 개인에게도 좋은 법이지. 자유란 오직 신적인 지성을 갖춘 최고의 두뇌들에게 허락될 뿐이네. 그들 또한 혹시라도 있을지 모르는 타락을 막기 위해 가족이나 재산은 엄격히 제한되어야 하네. 절제에는 예외가 없어. 조화와 균형, 절제만이 모두를 위한 국가로서 신적인 우주와 일치할 수 있다네."

"그런가요?"

아, 저기 소크라테스가 오는군. 그 옆에는…… 그렇군. 여전히 잘생긴 알키비아데스 아닌가?

자, 이제 여러분과 작별 인사를 해야겠군. 이 세상에서는 이별하고 다음 세상에서 반갑게 만나자고. 거기는 훨씬 좋은 곳이니까. 우리끼리 이야기도 더 잘 통할 걸세. 그동안 즐거웠네.

플라톤의 파란만장한 생애가 저물었다. 플라톤은 전쟁의 시기, 내전의 참혹함 속에서 자신의 철학을 키워 갔다. 그리고 나름대로 자기 생각을 실현해 보려 했지만 현실에서는 참담한 실패로 이어졌다.

플라톤은 세상에 '아카데미아'를 남기고 떠났다. 그리고 『대화편』도 남겼다. 하지만 자식도 아내도 없이 인생을 마감했다. 그의 제자 아리스토텔레스가 행복한 가정생활을 했던 것과 달리 그는 그저 쓸쓸했다. 하지만 플라톤은 마지막에 웃었을 것이다. 그는 죽음의 순간에 소크라테스를 만나러 간다는 기쁨을 느꼈을 것이다. 마치 이 세상에 잠시 소풍 나왔다가 본래의 고향으로 돌아간다는 기분이었으리라.

플라톤의 마지막 대화편은 『법률』이다. 『법률』에는 크레타 사람, 스파르타 사람 그리고 이름 모를 아테네 사람이 나온다. 소크라테스는 등장하지 않는다. 아테네 사람은 바로 플라톤 자신일 가능성이 크다. 중간중간 대화가 연설로 이어지는 부분 때문에 플라톤의 초고가 잘 정리되지 않았다고 볼 수도 있다. 덜 다듬어진 초고와 다듬어진 원고가 뒤섞여 있는 인상을 준다. 여기서 플라톤의 작업 방식을 엿볼 수 있다. 아마도 초고를 쓰고 다듬는 방식으로 대화편을 썼을 것이라는 추측이 가능하다.

『법률』은 이전의 『국가』와 많이 달라서 플라톤의 생각이 바뀐 것이 아니냐는 평가를 받는 작품이다. 심지어 플라톤의 저작이 아니라 위작이라는 설도 있다. 하지만 아리스토텔레스가 많이 인용한 것으로 보아 플라톤의 작품일 가능성이 더 크다. 플라톤 전체 작품의 1/6을 차지하는 대작이며 총 12편으로 구성되어 있다.

5장

플라톤의 제자들
혹은
그의 거대한 그림자

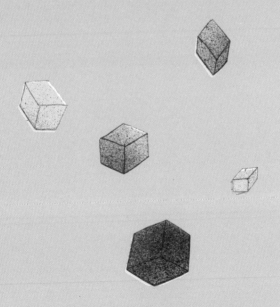

아리스토텔레스가
플라톤에게

오랜만입니다. 플라톤 선생님.

저 아리스토텔레스입니다. 선생님이 가장 자랑스러워할 만한 제자가 저라고 사람들이 말하더군요. 그러니 선생님께 스승의 날 감사 편지라도 써야 한다는 사람들 성화에 못 이겨 몇 자 적어봅니다. 하하, 농담이고요.

선생님이 그리워서 편지를 씁니다. 아카데미아에서 선생님과 함께 할 때는 날카로운 토론으로 대립도 많았고 속도 많이 썩혔지요. 선생님께서 저에게 좀 적당히 하라고 하신 말씀 지금도 기억납니다. 하지만 그때가 좋았습니다. 선생님 돌아가시고 아카데미아는 완전히 수학에만 빠져서 제가 있을 곳이 아예 못 되더라고요. 그래도 선생님 계실 때는 여러 가지 의견을 다양하게 개진해 볼 수 있었는데요.

선생님이 떠나신 후 저는 완전히 독립했습니다. 저 나름대로 '리케이온'이라는 학원도 차리고요, 선생님의 의견도 많이 발전시켰습니다. 우리가 아침에 깎아 먹었던 사과나 점심에 그냥 껍질째 먹었던 사과, 지난해에 먹었던 사과를 모두 '사과'라고 하는 것을 선생님은 이데아에 의지해 설명하셨죠. 하나하나의 사과를 개별자라고 한다면 그 하나하나의 사과는 이데아라는 보편자에 의해 현실에 존재합니다. 하지만 현실에서는 언제나 변하죠. 깎아 놓은 사과가 갈색으로 변하고 오랫동안 식탁에 놓인 사과는 조금씩 상해 갑니다. 그렇게 변하는 개별자를 다 사과라고 인식할 수 있는 이유가 바로 이데아였죠.

저는 그 이데아라는 보편자가 도대체 어디에 있는지 질문하곤 했습니다. 눈에 보이지 않는 저 세계에 존재한다는 선생님의 말씀에 항상 의문을 품었죠. 제 생각에 보편자는 개별자의 종적 특성, 유적 특성을 나타내므로 다른 세상에 놓아둘 필요가 없습니다. 사과라는 구체적인 사물 안에서 사과를 '사과답게 하는 것'이 바로 '형상'이라고 생각했습니다. 이데아의 세계가 따로 존재하는 것이 아니라 이 세상에 존재하는 개별자들 안에 형상이 존재한다고 정리해 버렸죠. 하나하나의 개별자 안에 이미 가능성을 지닌 형상이 통합되어 있다는 거죠. 말하자면 모든 도토리 열매 안에는 떡갈나무의 형상이 존재하는 겁니다. 열매 안에는 이미 완벽하게 나무가 될 가능성이 있고 열매는 그 목표를 향해서 열심히 싹을 틔우고 자라는 것이죠.

이런 이론은 확실히 수학을 위주로 하는 선생님의 의견과는 달리

플라톤 그리스 시대의 작품을 본따 로마 시대에 만든 조각이다.(뉴욕 메트로폴리탄 박물관 소장)

아리스토텔레스 기원전 330년에 만들어진 그리스 시대 작품을 본따 로마 시대 때 만든 대리석 조각이다.(로마 국립 박물관 소장)

자연을 연구하는 것에서 더 많은 도움을 얻을 수 있었습니다. 모든 생물이 자라고 죽어 가는 과정을 더 많이 연구했습니다. 물론 의사인 아버지의 영향으로 제 안에 이미 그런 성향이 있었는지도 모르겠습니다만 제가 보기에는 자연에 대한 연구, 생물에 대한 연구가 중요하더군요.

그리고 논리학도 체계화했습니다. 흔히 삼단논법이라고 하는 것인데요, 대전제와 소전제에 따라서 확실하게 참이 되는 논리 형식을 밝

했죠. 개념 정리를 위해서 중요한 '범주'도 정리했습니다. 오류의 종류도 분석해서 여러 가지 논리를 구사하는 데 꼭 필요한 것들도 다 정리했습니다. 소크라테스 선생님 때부터 중요하게 다루기 시작한 개념 정의의 방법론을 어느 정도 마무리했다고 보시면 됩니다.

선생님께서 말씀하신 국가의 문제, 도덕과 행복의 문제도 논해 보았습니다. 저 역시 어리석은 대중의 어리석은 정치를 찬성하지 않는다는 것은 잘 알고 계시지요? 하지만 저는 선생님이 말씀하신 정치체제에서 살고 싶지는 않습니다. 『법률』에서 말씀하신 도시 국가 마그네시아보다는 좀 더 여유가 있어야 할 것 같더라고요. 그리고 아무것도 가지지 않은 철학자와 수호자들의 이상 사회는 현실에서는 불가능합니다. 만일 그것이 가능하다면 점점 그렇게 발전해 온 사례가 있어야 합니다. 그런 것이 현실에 없다는 건 앞으로도 불가능하다는 뜻입니다.

뿐만 아니라 재산을 공동으로 가지게 되면 그것을 어떻게 나눌 것인가로 끊임없이 분쟁이 일어나기 마련입니다. 개인의 재산이 어느 정도 있는 것이 훨씬 평화롭습니다. 사실 현실에서는 너무 많이 가진 자는 다른 사람의 말을 듣지 않습니다. 명령만 내리려고 하지요. 너무 가진 것이 없는 자는 힘이 없으니 남의 말에 수동적으로 따르려고만 합니다. 불만은 많으나 스스로 해결할 능력이 없는 경우가 많습니다. 만일 부자와 가난한 자로만 이루어진 국가가 있다면 그것은 폭군과 노예의 나라입니다. 자유민이 존재하지 않는 국가는 항상 극단적인 문제에 시달릴 것입니다. 적당한 재산을 지닌 자유민은 정치적으로도 이성적으로도 도덕적으로도 중용을 선택하여 적절한 평화를 유지해 갈 것입니다. 중용이 가장 좋은 것이라면 말이죠.

게다가 국가가 완전한 하나가 되는 것은 근본적으로 국가의 존재 이유를 벗어나는 것입니다. 국가는 본질적으로 다양성의 집합체이기 때문입니다. 물론 인간은 본질적으로 정치적인 존재이기 때문에 사회에 기여할 때 인간다워집니다. 사회적 활동이 인간을 도덕적이고 인간답게 해 주죠. 그래서 재산이나 정치적으로 중간층의 자유민이 활발하게 활동하면서 자신의 삶을 잘 꾸려 나가는 나라가 현실적으로 행복한 나라가 될 것이라고 봅니다.

어쨌든 이런저런 내용을 많이 이야기하면 제가 꼭 선생님을 비방하는 것처럼 오해하는 사람들도 있던데요, 사실은 그게 아닙니다. 저와 선생님은 20년을 함께 지내지 않았습니까? 제가 선생님하고 완전히 갈라서려고 마음먹었다면 오랜 기간 아카데미아에 있지도 않았을 겁니다. 저는 선생님의 생각을 좀 더 발전시켰다고 믿습니다. 이런 모든 생각이 선생님과 함께 나눈 대화에 담겨 있던 것들 아닙니까?

다 선생님께 빚진 것들이죠. 단지 저는 선생님처럼 대화로 글을 구성해서 애매한 의견을 그냥 놔두기보다는 한 가지로 정리해 버린 거죠. 어떻게 보면 알렉산더를 가르쳐서 철인 군주로 이끌어 가려 했던 것조차 선생님의 영향이라고 볼 수도 있겠죠. 선생님도 시칠리아에서 시도해 보셨듯이 저도 한번 해 본 것입니다. 하지만 일인 통치는 많은 문제점을 지니고 있습니다. 결국 저는 다수의 시민이 훌륭해지면 도시 국가가 안정될 것이라는 쪽으로 결론을 내렸습니다. 그리고 그것은 교육을 통해 충분히 가능하리라 생각합니다.

물론 아테네인에게는 좀 어려운 일일 수도 있습니다. 그들은 예전에 소크라테스를 죽였듯이 저도 죽이려고 하더군요. 그래서 제가 아테네인들이 철학에 대해 두 번이나 죄를 짓게 할 수는 없어서 저 스스로 아테네에서 탈출해 버렸습니다. 이제 곧 선생님을 뵈러 갈 것 같군요. 그때 많은 가르침 주시기 바랍니다. 선생님과 함께하던 심포지엄(향연)이 그립습니다.

플라톤의 스승 소크라테스는 정말 유명한 철학자이다. 어떤 이들은 소크라테스 이전과 이후를 철학의 경계로 나누기도 한다. 소크라테스 이전에는 주로 신화와 자연에 대해 관심을 두었는데, 소크라테스와 소피스트의 시대에서부터 인간에 대한 진지하고 보편적인 탐구를 시작하였다고 보는 것이다. 더욱이 소크라테스는 행동하는 철학자였다. 자신의 도덕적 신념을 위해 죽음도 두려워하지 않는 지행일치의 표본이었다.

맹자가 말하길 천하의 영재를 가르치는 것은 군자의 세 가지 즐거움의 하나라고 했는데, 플라톤에게는 그런 제자도 있었다. 아리스토텔레스는 서양 철학에서 플라톤만큼이나 막대한 영향력을 지닌 철학자이다. 소크라테스가 던진 문제의식을 활짝 꽃피운 이가 플라톤이라고 한다면 플라톤이 지닌 사상의 다른 면을 철저하게 파고들어 스승과 다른 방향을 제시한 이가 아리스토텔레스이다.

물론 아리스토텔레스도 플라톤처럼 형상이나 본질이 중요하다고 주장한 철학자이다. 다만 그는 스승인 플라톤과는 달리 이데아가 따로 다른 세계에 존재하는 것이 아니라 현재 실재하는 사물 속에 드러난다고 주장한 점에서 차이가 있다. 그리고 세상의 모든 일에는 목적이 있으며 모든 존재는 목적을 향해서 간다고 주장했다. 인간도 목적이 있고, 그 목적은 자신에게 주어진 기능을 잘 발휘하는 것이며, 그것이 곧 행복이라고 했다. 인간을 인간답게 하는 기능, 다른 존재와 구별해 주는 기능인 이성을 잘 사용하는 것, 바로 철학적 관조에서 행복을 찾으라고 한다.

플라톤의 팬과
안티 팬

세상의 모든 철학자들이 모인 방이다. 왁자지껄하게 플라톤에 대한 이야기를 나누고 있다.

헤겔   이 방의 주인은 어디를 가셨나? 이성에 의한 영원한 진보의 첫걸음을 보여 준 위대한 철학자 플라톤 선생을 뵈러 왔는데. 플라톤 선생께서 던진 철학적 과제를 내가 완성했다고 말하려고 왔는데 말이야. 이성에 따라 이데아를 파악하는 과정에서만 변증술이 활용되는 것이 아니라 절대 정신이 스스로를 드러내는 과정 자체가 변증법이라는 것을 알려 드려야 하는데.

니체   하긴 당신이 어느 정도 플라톤의 형이상학적 세계의 최고점에 올라 있는 것은 사실이지. 그렇다고 그것이 꼭 좋은 것만은 아

필로소피아 철학을 사람(여왕)으로 형상화한 알브레히트 뒤러(1471~1528)의 판화. 네 명의 유명한 철학자 플라톤과 프톨레마이오스, 키케로(또는 베르길리우스), 알베르투스 마그누스가 여왕을 둘러싸고 있다. 1502년 작품.

니야. 플라톤은 지나치게 이성을 강조했다고. 그래서 그리스에서 이성의 뼈다귀만 남겼지. 정말 중요한 것은 인간의 감성이야. 욕망에서 출발해서 진짜 인간을 인정해야 하는데 플라톤의 인간은 마치 마네킹 같아.

프로이트 꼭 그렇다고 볼 수는 없지 않을까요? 플라톤이 쓴 대화편에는 인간의 무의식에 대한 이야기도 많이 나와요. 꿈속에서 자신이 모르는 욕망을 지니고 있다는 것, 인간은 자신의 이성적 가면과는 다른 내면의 욕망을 가지고 있다는 것도 잘 보여 주고 있잖아요. 예를 들어 기게스의 반지 이야기처럼 인간이 아무도 보지 않는 곳에서, 누구에게도 들키지 않는다면 가질 수 있는 욕망을 적나라하게 보여 주잖아요. 그리고 꿈은 자신의 욕망이 드러난 것이라는 이야기는 내가 말하기 전에 플라톤이 한 말이에요.

니체　　그렇게 말해도 결국 플라톤은 이성의 철학자야. 그는 그리스 비극이 지닌 이성과 감성의 조화로움을 부정하고 지나치게 아폴론의 이성을 강조한 자라고. 예술에는 아폴론처럼 질서와 조화, 명석한 이성과 합리성만이 아니라 포도주의 신 디오니소스처럼 자유분방과 격정, 열정과 도취, 삶이 주는 쾌락 같은 것이 필요해.

마르크스　감성이든 이성이든 플라톤은 내게 많은 영향을 끼쳤어요. 그의 이상 세계는 나의 공산주의 사회와 좀 비슷한 면이 있죠. 철학자들이 재산을 가지지 않고 모든 것을 공유한다는 생각처럼 나도 공유를 주장해요. 그리고 자신이 하고 싶은 것, 자신이 잘할 수 있는 것을 통해서 사회에 기여한다는 점도 비슷하죠. 물론 플라톤은 매우 이상적이고 관념적이었어요. 현실을 움직이는 것이 결국은 경제라는 사실은 잘 몰랐죠. 인간 사회는 물질적 기반이 정말 중요한데 정치나 철학 같은 관념적인 것이 세상을 바꾼다고 순진하게 생각했다고나 할까요.

포퍼　　당신이나 헤겔에게는 플라톤이 정말 중요한 사람이겠죠. 당신들이 말한 이상 사회의 근거를 플라톤이 만들어 주었으니까요.

헤겔 씨가 말한 절대 정신의 국가나 마르크스 씨가 말한 공산주의 사회나 다 플라톤의 전체주의적 이상 사회의 아류에 불과해요. 개인의 자발성과 사회의 오류 가능성을 인정하지 않는 획일화된 닫힌 사회죠. 거기에서는 조금이라도 다른 의견을 가진 사람은 살아남을 수가 없어요. '전체를 위하여'라는 횡포만 있죠.

마르크스 오류 가능성을 남겨 둔다면 그건 이상 사회라고 할 수 없죠. 물론 내가 말한 공산 사회는 이 세상에서 실현되기 어렵다는 것이 역사적으로 드러났습니다만, 이상 사회에 대한 논의는 현실의 문제를 비판적으로 바라볼 수 있게 해 주잖아요. 플라톤이 관념적인 문제를 지니고 있기는 하지만 이상 사회를 통해서 현실 문제를 근본적으로 돌아보게 해 준 것은 인정할 만한 일입니다.

사르트르 좀 그렇다고 할 수 있지. 나도 플라톤처럼 현실에 대해 발언하는 것이 철학자, 지식인의 역할이라고 생각해. 물론 플라톤의 이성적 본질은 너무나 강력해서 현실의 인간, 살아 움직이는 피가 도는 인간을 잘 인정하지 않는 경향이 있어. 본질, 이데아, 형상 뭐 이런 말을 하다 보니 현실적 인간이 잘 느껴지지 않은 것도 같더라고. 사실 인간은 이래야 한다, 저래야 한다 하기 이전에 여기 있는 그대로 존중받아야 해. 그런 존중을 바탕으로 해도 우린 현실 비판을 충분히 할 수 있다고.

갈릴레이 인간 사회에 대한 이야기도 좋습니다만 과학을 하는 사람으로서 한마디 하자면 플라톤은 아리스토텔레스보다 낫다고 할 수

있습니다. 흔히 아리스토텔레스가 과학적이라고 하는데 그건 생물학에서는 그런지 몰라도 천문학에서는 영 아니죠. 천문학은 플라톤의 수학적 세계관이 정말 딱 맞아요. 난 플라톤이 수학을 강조한 것에 정말 공감합니다.

루소　　교육에서도 플라톤이 말한 것을 적용해 볼 만하지. 세상에 찌든 어른들은 어린아이들에게 정말 나쁜 영향만 준다니까. 나의 '에밀'처럼 못난 어른들에게서 멀리 떼어놓고 어린애들은 새롭게 교육하는 것이 중요하다는 생각은 플라톤이 원조라고 할 수 있어. 그리고 인간들의 다툼이 일어나는 건 다 개인의 재산 때문이라는 것도 플라톤이 이미 말한 것이지. 플라톤은 괜찮은 사람이라니까. 물론 나는 플라톤처럼 아이들을 적극적으로 교육하는 것은 반대야. 아이들은 자연 속에서 자유롭게 자라야 한다고 봐.

비트겐슈타인　　괜찮은 사람이라는 것을 부정하는 건 아니고요. 플라톤이 말한 이데아 같은 것들은 사실 이 세상에서 관찰할 수 있는 게 아니잖아요. 관찰 가능하지 않은 것들을 말해도 사실 소용이 없지요. 재미는 있습니다만 그저 말놀이에 지나지 않아요. 아, 물론 놀이가 나쁘다는 것은 아닙니다. 단지 그런 것은 증명할 수 있는 것이 아닌 형이상학의 세계라 근본적으로 과학적 증명을 하려고 다툴 필요가 없다는 거죠.

아우구스티누스　　굳이 진짜냐 아니냐 하고 다툴 필요가 없다면 종교인의 입장에서 한마디 하겠네. 신앙의 차원에서 보면 플라톤이 우리 기독교에 기여한 바가 많지. 플라톤의 이상 세계와 현실 세계의 구분은 기독교의 천국과 지상에 딱 들어맞는 이야기야. 게다가 현실 세계에서 이상 세계로 돌아가는 이야기는 신의 은총으로 하나님의 나라로 돌아가는 이야기하고 완전히 같아. 플라톤이 말한 것들은 중세의 기독교에서 좀 응용해서 썼어.

화이트헤드 '조금'이 아니라 '많이'라고 해야겠지요. 정확하게 말하면 여러분의 모든 이야기는 플라톤이 이미 다 했던 이야기라고 할 수도 있습니다. 플라톤이 자신의 철학은 쓰지 않았다고 주장한 것에 비해 여러분은 더 많은 이야기를 하면서 플라톤에 대해 이러쿵저러쿵 말하잖아요. 사실 서양 철학 자체가 플라톤이 말한 것에 대한 주석, 어찌 보면 뒷이야기에 불과한지도 모르겠습니다.

여기에 등장한 사상가들은 모두 플라톤에서 소재를 찾았다고 볼 수 있다. 헤겔(1770~1831)은 독일 관념론의 철학을 완성한 철학자로서 자연, 역사, 정신의 모든 세계는 변화하고 발전하는 과정으로 보았다. 이 과정은 관념의 변증법적 원리로 설명될 수 있는데 이는 19세기 이후의 사상과 학문에 큰 영향을 끼쳤다. 니체(1844~1900)는 독일의 철학자이며 시인이다. 실존 철학을 대표하는 철학자로 플라톤과 반대로 이성보다 의지와 감성을 강조했다. 마르크스(1818~1883)는 독일의 경제학자, 정치학자, 철학자이다. 독일의 관념론, 공상적 사회주의, 고전 경제학을 비판하며 과학적 사회주의를 창시했다. 특히 그가 펴낸 『자본론』은 획기적 저서로 평가받는다.

포퍼(1902~1994)는 오스트리아 태생의 과학 철학자로 객관적인 지식을 탐구했다. 그는 역사는 내적인 원리나 법칙에 따라 진화하는 것이 아니라고 주장하며, 전체주의가 역사주의의 산물임을 지적했다. 사르트르(1905~1980)는 프랑스의 작가이자 철학자로 문학자의 사회 참여를 주장했으며 개인의 자유로운 선택과 결단을 강조하는 실존주의 사상의 대표자 중 한 사람이다. 갈릴레이(1564~1642)는 이탈리아 르네상스 말기의 물리학자이자 천문학자, 철학자로서 자연이 수학적으로 해석될 수 있다고 보았다. 지동설을 주장하여 종교 재판을 받았다. 루소(1712~1778)는 프랑스의 계몽 사상가이자 철학자, 작가로서 인위적인 문명사회의 타락을 비판하며 자연으로 돌아갈 것을 주장했다. 그는 출신에 관계없이 인간은 평등하다고 보고, 인간의 불평등한 기원을 사유재산에서 찾았다.

비트겐슈타인(1889~1951)은 오스트리아 태생의 영국 철학자로 논리 실증주의와 분석 철학 형성에 기여했다. 서양 철학사를 통틀어 언어에 대해 가장 철저하게 회의하고 분석한 철학자로 알려져 있다. 아우구스티누스(354~430)는 중세의 신학자로 플라톤 철학과 기독교를 결합하여 가톨릭교회의 교의에 이론적 기초를 다졌다. 이는 중세 기독교 사상에 큰 영향을 주었다. 화이트헤드(1861~1947)는 영국의 수학자이자 철학자이다. 그는 수학이나 논리학에서 다루는 연역적 방법과 직접 경험하고 관찰하는 자연의 세계를 철학의 중심 과제로 삼았다.

이외에도 서양의 많은 사상가들이 플라톤이 펼쳐 놓은 풍성한 이야기 속에서 자신의 이야깃거리를 찾아내곤 했다.

●

플라톤의 대화편은 어떻게 읽어야 하나요?

●

지은이의 말

플라톤의 대화편은
어떻게 읽어야 하나요?

흔히 고전을 읽으려면 원전 번역본을 읽어야 한다고 하잖아요? 그런데 원전 번역본들은 대체로 두꺼운데다 어렵더라고요. 플라톤의 원전 번역본을 꼭 읽어야 하나요?

플라톤은 고대 그리스 사람입니다. 2400년 전 사람이지요. 플라톤에 대해 알고 싶다면 원전 번역 대화편을 직접 읽는 게 좋습니다. 물론 대화편을 읽는 것이 쉬운 일은 아닙니다. 상당히 고된 작업이 될 거예요. 하지만 재미있습니다. 가파른 산에 오르는 것은 쉬운 일이 아니지만 일단 정상에 오르면 희열을 만끽하고 성취감을 느끼는 것과 비슷합니다. 조그만 동산을 오르는 것은 쉽지만 만족감이나 보람이 크지는 않죠. 플라톤의 대화편은 노력한 만큼 만족감도 매우 크답니다.

플라톤은 상반된 평가가 동시에 존재하는 철학자입니다. 다른 사람들의 말만 듣고 판단하지 말고 왜 그런지 직접 살펴보는 것이 좋겠지요. 남들이 이러쿵저러쿵하는 말에 일일이 신경 쓰기보다는 직접 읽어 보고 판단하는 것이 지혜로운 사람의 태도가 아닐까요? 말이 많은 만큼 직접 당사자의 말을 들어 보는 거지요.

—

플라톤의 대화편이 28편에 편지가 13편이라는데요, 그걸 다 읽어 봐야 하나요? 중요한 것만 골라 읽을 수는 없나요? 또 읽는 순서는 상관없나요?

다 읽는 것은 쉽지 않을 겁니다. 하지만 플라톤에 중독되면 다 읽을 수도 있죠. 흔히 플라톤의 대화편에서 가장 중요한 작품으로『소크라테스의 변론』,『국가』를 꼽습니다. 두 편은 반드시 읽어야 합니다. 소크라테스의 지대한 영향을 보여 주는『소크라테스의 변론』과 플라톤 지신의 독자적 철학이 완성된『국가』를 읽으면 기본은 안다고 할 수 있습니다. 그 외에 사랑에 대한 독특하고 아름다운 이야기를 담은 『향연』, 상대주의와 진리에 대한 탐색 논변을 담은『프로타고라스』, 플라톤이 자신의 삶에 대한 이야기를 쓴 것으로 보이는『일곱 번째 편지』등이 중요합니다.

가장 읽기 쉬운 것은 『일곱 번째 편지』입니다. 하지만 플라톤의 생애나 철학에 대한 사전 지식이 없으면 큰 의미가 없습니다. 두 번째는 『소크라테스의 변론』입니다. 해설판도 다양하고 큰 어려움 없이 읽을 수 있습니다. 다만 플라톤의 입장인지 소크라테스의 입장인지 불분명한 것이 문제입니다. 『국가』는 플라톤의 대표작입니다. 분량도 상당하고 조금 어려운 부분도 있지만 플라톤 사상을 전체적으로 살펴려면 반드시 읽어야 합니다.

그 외 대화편에서는 산파술과 문답법, 논박 등을 통해서 지혜를 탐구하는 초기 대화편과 플라톤의 중요한 사상을 다루는 『국가』 이후의 대화편, 변증법의 탐구를 다룬 후기 대화편이 있는데 조금 어렵습니다. 플라톤의 매력에 빠져 전체 대화편을 읽고자 한다면 되도록 초기 대화편부터 읽어 볼 것을 권합니다. 전체적으로 후기로 가면서 변화의 과정을 살펴볼 수 있고, 이전의 논의들을 알면 더 쉽게 읽히는 대화편도 있으니까요. 마지막 대화편은 『법률』입니다.

—

플라톤의 대화편을 실제로 읽어 보면 무슨 말인지 잘 모르겠어요, 설명도 어렵고요. 해설이 더 복잡한 것 같아요. 어떻게 읽어야 하나요?

플라톤의 대화편은 대화로 이루어져 있습니다. 특히 초기 대화편은 짧은 대화의 연속입니다. 중기, 후기로 가면 긴 연설이나 설명이 많이 등장합니다만, 기본 구성은 어떤 문제를 던지고 탐색하고 주장하고 다시 반박하는 형식입니다. 따라서 우리가 흔히 보는 서론, 본론, 결론에 따라 주장하고 설득하는 형식이 아니기 때문에 더 어렵게 느껴집니다.

게다가 다루고 있는 주제가 '정의란 무엇인가', '인생의 참된 행복이란 무엇인가', '진리는 존재하는가', '우리는 진리를 알 수 있는가' 따위의 쉽지 않은 것들입니다.

그렇다고 길이 없는 것은 아닙니다. 일단 대화체에 익숙해져야 합니다. 당시에 읽었던 방식으로 천천히 소리 내어 읽어 보고, 머릿속에서 대화를 구성해 보는 방식으로 천천히 읽습니다. 대화편은 당시에 여럿이 모여서 누군가의 낭독을 듣는 방식으로 읽혔습니다. 『테아이테토스』에서도 책을 노예에게 읽으라고 하고 두 사람이 쉬면서 듣는 구절이 나옵니다. 당시에는 그것이 자연스런 독서 방법이었습니다. 그러니 우리도 소크라테스, 플라톤이 살던 시대의 방식으로 함께 지혜를 탐구하는 과정을 직접 경험해 보는 것입니다.

둘째는 중요한 내용을 정리하며 읽는 것입니다. 대화의 연속이고 차례를 나누어 놓지 않아서 사실 읽으면서 독자가 생각하지 않으면 무슨 내용인지 헷갈립니다. 물론 번역된 대화편에는 대체로 번역가가 제시한 목차가 있습니다. 그 목차를 참고하여 읽을 수도 있습니다만, 독자 스스로 자신만의 목차를 만들어 가며 읽는 방법은 대화편을 이해하는 데 도움을 많이 줄 것입니다.

셋째는 일단 본문만 먼저 읽는 것입니다. 대화편은 『국가』나 『법률』을 제외하고는 본문 자체가 아주 길지는 않습니다. 우선 설명이나 해설, 주석에 눈길을 돌리지 말고 본문만 한번 죽 읽어 보는 겁니다. 그러고 나서 다시 처음부터 차근차근 정리하면서 해설을 참고하며 읽는다면 중간에 포기하는 일은 없을 것입니다.

—

플라톤의 대화편은 플라톤만의 주장이 아니라고 하는 이야기도 있습니다. 무슨 말인가요?

사실 대화편의 목소리는 두 가지가 있다고 볼 수 있습니다. 초기 대화편에서 중기까지 한결같이 등장하는 화자는 '소크라테스'입니다. 그런데 후기 대화편에서는 소크라테스가 거의 말을 하지 않죠. 다른 사람들이 더 말을 많이 할뿐더러 『법률』에서는 아예 소크라테스가 등장하지 않습니다. 이러한 점을 잘 생각해 보면서 읽어야 합니다.

초기 대화편에 나오는 소크라테스는 실제의 소크라테스에 가깝습니다. 그리고 플라톤의 생각도 소크라테스의 모습을 재현하는 데 큰 문제가 없다고 볼 수 있습니다. 하지만 중기 대화편, 특히 『국가』를 전후해서 소크라테스는 '소크라테스'가 아닙니다. 플라톤적 소크라테스 내지는 플라톤 자신의 생각을 소크라테스의 입을 빌려서 전달한다고 볼 수 있습니다.

다시 정리해 보면 소크라테스가 변하는 것이라기보다는 플라톤 자신의 생각을 표현한 것이 중기와 후기의 경향이라고 볼 수 있습니다. 물론 플라톤이 소크라테스에 대해 직접 평가한 내용이 남아 있지 않기 때문에 아무도 확실하게 말할 수는 없습니다. 다만 그 내용에서 모순되는 점들을 고려할 때 과연 플라톤이 끝까지 소크라테스의 생각을 그대로 받아들였을지 의문이라는 것이죠.

예를 들어 『소크라테스의 변론』에서는 영혼의 울림까지 이야기하며 정직성을 고수하는 소크라테스가 『국가』에서는 고상한 거짓말을 옹호하는 모습을 보입니다. 이 부분은 아무래도 플라톤의 생각이라고 봐야 한다는 것이죠. 소크라테스의 모습에서 벗어난 것입니다.

또 다른 입장도 있는데요, 플라톤의 대화편은 소크라테스적인 것과 중기 플라톤, 그리고 중기의 생각을 수정한 후기 플라톤으로 나누어야 한다는 의견입니다. 어느 정도 자신의 생각을 정리하여 소크라테스와는 다른 이야기를 한다고 생각되었던 플라톤이 후기 대화편에 가까운 『테아이테토스』에서 소크라테스의 '산파술'을 다시 중요한 주제로 등장시키고, 소크라테스적 문답법, 탐구, 앎에 대한 난관을 논의한다는 점과 『소피스트』 같은 대화편에서 이전의 이데아론과 조금 다른 의견을 보인다는 점에서 제기된 입장입니다.

대화편을 읽다 보면 플라톤은 여전히 소크라테스적 문제의식과 자신의 입장 사이에서 어떤 갈등을 겪고 있었던 것은 아닐까 하는 생각도 해 보게 됩니다.

플라톤의 대화편은 고전이지만 경전은 아닙니다.

지금까지 읽은 독자라면 플라톤의 대화편을 이해하기 위해서는 많은 노력이 필요하다는 것을 알았을 것입니다. 대화편의 내용도 이리저리 생각해 보면 참 좋은 말이 많습니다. 하지만 그것을 외우려고 할 필요는 없습니다. 너무나 유명하고 뛰어난 사람이기는 하지만 그가 하는 말이 모두 진리인 것은 아닙니다. '태어나면서부터 노예는 정해져 있다'고 플라톤이 말한다고 해서 우리가 그것을 당연하게 받아들일 수는 없지 않습니까? 신이 우주를 만들고 인간을 만들 때 남자부터 우선순위를 두었다든지 하는 말을 그대로 받아들이는 독자도 없을 테고요.

단지 그 시대의 편견이 담긴 말에 대해서만 그런 것이 아닙니다.

플라톤이 하려는 말의 진의를 파악하기 위해 많은 공을 들여야겠지만 무조건 따라서는 안 됩니다. 의문이 들 때 독자는 자신의 머리로 생각해 보아야 합니다. 일단 플라톤의 진심이 무엇인지 파악해 보고 그것을 어떻게 수용할지는 전적으로 여러분의 자유입니다. 플라톤을 그대로 따라서 사는 것은 지혜를 사랑하는 사람이 할 일이 아닙니다.

플라톤은 2400년 전 사람입니다. 오늘날 그를 읽는 것이 과연 의미가 있기는 한 것일까요? 무려 2천 년이 넘는 세월과 지구의 반대편이라는 거리를 뛰어넘어서 어떤 의미를 둘 수 있을까요?

먼저 플라톤이 끼친 영향이 너무 크기 때문에 어쩔 수 없이 읽는다고 인정할 수밖에 없습니다. 오늘날 우리는 서양의 학문과 사상을 배웁니다. 그 모든 것의 뿌리에 플라톤이 있죠. 철학은 말할 것도 없고 정치학, 심리학, 교육학, 미학, 심지어 체육과 수학, 물리학에 이르기까지 거의 모든 분야에서 플라톤의 이야기로 시작합니다. 그중에는 지금도 유효한 것이 있고 허무맹랑한 것도 있습니다. 어쨌든 간에 사람들은 플라톤에서 아이디어를 얻었다고 고백하는 것들이 많습니다. 그런 이야기들을 쉽게 이해하려면 플라톤에 대해 조금이라도 알아 둘 필요가 있습니다.

플라톤이 한 이야기 중에서 정치에 대한 것은 특히 많은 것을 생각하게 합니다. 정치에서 플라톤은 분명 천재입니다. 그가 서술한 국가의 모습은 오늘날에도 섬뜩할 정도로 현실적입니다. 다수 대중이 자신들의 생존과 경제적 이익을 위해서 스스로 참주, 독재자에게 모든 권한을 위임하고 행복해하는 모습은 마치 20세기 중반 독일의 나치즘이나 여러 나라에서 겪은 파시즘에 자발적으로 복종했던 역사를 그대로 보여 주는 듯합니다. 참주가 온갖 비열한 수단을 동원하여 정적을 제거하고 대중을 기만하면서도 '선한 모습'을 보여 주는 이야기는 너무나 현실적이어서 오늘날의 정치 상황처럼 보입니다. 대중이 진정 자신들을 위한 정치가 무엇인지에 대한 충분한 숙고 없이 쉽게 휩쓸려서 결정한다는 지적은 지금도 아프게 다가옵니다.

배의 선장이 얼마나 중요한 역할을 하는지는 풍랑을 겪어 보면 알게 됩니다. 책임감 있고 유능한 선장은 아무나 하는 것이 아니겠지요. 그런 뛰어난 선장을 얻지 못하면 사람들은 무능하거나 부도덕한 선장에게 목숨을 맡겨야 합니다. 진짜 유능한 전문가를 알아보지 못한 대가로 목숨을 잃게 되지요.

플라톤은 대중이 그런 선장을 알아볼 수 있는가 묻습니다. 그리고 그것은 불가능하다고 대답합니다. 진문기만이 전문가를 알아볼 수 있다는 겁니다. 스스로 강림하지 않고서는 능력이 부족한 사람들이 판단하는 것은 근본적으로 불가능하다고 주장하지요. 정치에서도 지도지를 선택하는 것은 정말 중요한 문제라는 것을 우리는 알게 되었습니다. 하지만 누가 그것을 판단해 줄까요? 도덕적으로 훌륭하고 능력도 탁월한 지도자가 스스로 나타나지 않는다면 말입니다. 플라톤의 말처럼 부족한 자가 뛰어난 자를 알아보는 것은 불가능한 것일까요? 하지만 현대에서처럼 교양 교육이 확대되고 일반인이 흔히 정치가보다도 더 도덕적이고 더 훌륭한 판단을 할 수도 있다면? 그것이 대중의 착각이 아니라 진실로 그런 것이라면? 플라톤에게 우리는 다시 물어볼 수 있습니다.

또한 플라톤은 어떻게 사는 것이 행복하면서도 훌륭한 삶인가 묻습니다. 흔히 말하는 개인의 부와 명예, 건강이 과연 인생의 진정한 목적이고 행복의 조건이 될 수 있는지 묻습니다. 사람들이 흔히 말하는 그런 목적들을 따르다 보면 영혼이 황폐해지고 악에 물들게 된다고 그는 말합니다. 대신 플라톤은 영혼의 고결함, 지혜에 대한 추구, 절제와 검소, 공동체에 대한 헌신 등이 훨씬 더 아름답고 선하며 훌륭한 인생의 목적이라 대답합니다. 우리는 다시 묻습니다. 그게 서로 꼭 대립하는 것인지. 두 가지가 동시에 존재할 수는 없는지.

그래서 우리는 잘 생각해 보아야 합니다. 플라톤의 입장이 과연 오늘날 우리에게 어떤 의미로 다가오는지 말입니다. 그의 제안을 그대로 따를 것이 아니라 그의 충고를 곰곰이 생각해 보면서 어떻게 살아야 하는가를 성찰해 볼 기회를 가져야 합니다. 그리고 플라톤의 멋진 언변에 숨겨진 이면을 잘 살피고 무엇을 얻을 것인가 생각해야지요. 그의 말처럼 사람들은 각자의 본분에 충실한 것이 전체로서의 행복을 얻는 길인지. 아니면 자신을 성장시켜서 또 다른 길을 찾는 것이 더 나은 선택인지. 이성의 차디찬 통제보다는 뜨거운 열정을 따르는 것이 더 인간적인 것은 아닌지. 언뜻 조화롭지 못한 것처럼 보이는 세상이 다양해서 더 아름다운 것은 아닌지.

플라톤은 천재일 뿐 아니라 서양 사상의 호수입니다. 그 넓은 호수에는 갖가지 물고기들이 삽니다. 거기에서 어떤 물고기를 잡아낼 것인가. 그 물고기를 어떻게 요리할 것인가는 독자 여러분에게 달려 있습니다. 플라톤의 제안대로 '정의는 본분에 충실한 조화로움이다' 라고 생각할지, 아니면 '정의는 약자에게 기회를 주는 것이며, 성취한 자에게 적절한 대가를 지불하는 것이다'라고 생각할 것인지는 독자 여러분의 선택입니다.

2014년 여름
허용우

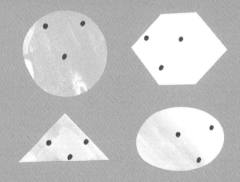

플라톤의 삶

- **기원전 431년** 펠로폰네소스 전쟁 시작되다.
- **기원전 427년** 플라톤 아테네 명문가에서 태어나다. 그의 친척들은 대화편 곳곳에 등장하는 인물들로 귀족 중심의 과두정을 지지하는 크리티아스와 카르미데스뿐 아니라 아테네 민주주의의 기초를 닦은 솔론 등도 만나볼 수 있다.
- **기원전 407년(20세)** 소크라테스의 제자가 되다. 소크라테스가 플라톤을 보고 어제 꿈에 나타났던 백조라고 하다.
- **기원전 404년(23세)** 펠로폰네소스 전쟁에서 패한 아테네에 30인 과두정이 수립되다. 친척들의 권유에 이끌려 다른 청년들처럼 정치에 뛰어들 생각도 있었으나 과두정의 횡포를 보고 망설이다.
- **기원전 399년(28세)** 새로 수립된 민주정에 다소 희망을 가졌으나 '당시 사람들 중 가장 정의로운 사람' 소크라테스가 고소되어 죽음을 맞이하는 것을 보고 큰 충격을 받다. '올바르고 진실하게 철학하는 부류의 사람들이 권좌에 오르거나 각 나라의 권력자들이 신의 도움을 받아 진정한 철학을 하기 전에는, 인류에게 재앙이 그치지 않으리라'는 결론을 내리다. 이후 소크라테스의 다른 제자들과 메가라로 피신하였다가 몇 년간 그리스와 이집트, 이탈리아를 여행하고 돌아와 초기 대화편을 쓰기 시작하다.
- **기원전 387년(40세)** 이탈리아의 피타고라스 학파를 만나러 갔다가 우연히 시칠리아 섬의 시라쿠사를 방문하다. 그곳에서 디오니시우스 1세를 만나고, 그의 처남 디온(당시 20세)을 만나 정신적 교류를 시작하다. 이때 플라톤은 디오니시우스 1세의 노여움을 사 노예로 팔렸으나 무사히 아테네로 돌아오다.
  2년 뒤 아카데모스에 '아카데미아'를 세우고 학생들을 모아 검소한 공동 식사와 다채로운 이야기를 나누다. 제자들과 문답법을 나누고 일반인을 위한 강의도 개설하다. 자연학, 수학, 정치학과 변증술을 통해 나라를 다스리는 전문가가 배워야 할 것들을 가르치고 『국가』를 비롯하여 『향연』, 『파이돈』 등의 대표적 대화편들을 쓰다.
- **기원전 367년(60세)** 디오니시우스 1세가 사망하자 디온이 플라톤을 시라쿠사로 초청하다.

플라톤은 자신의 사상이 단지 말뿐인 것이 아니라는 사실을 보여 주기 위해 참주 디오니시우스 2세를 철학자 왕으로 교육하려 했으나 실패하고 2년 만에 아테네로 돌아오다.

- **기원전 361년(66세)** 디오니시우스 2세가 철학에 열의를 가지고 있다는 디온의 이야기와 주변 사람들의 권유로 3차 시칠리아 여행길에 오르다. 참주의 철학에 대한 열의를 시험해 보았으나 성과를 얻지 못하고 결국 참주의 철학자 교육에 실패하고 아테네로 돌아오다.
- **기원전 354년** 플라톤과 인연을 맺었던 디온, 세상을 떠나다.
- **기원전 347년** 플라톤 80세에 육체의 감옥을 떠나다.

| 플라톤의 대화편 |

1. 초기 대화편 중에서 소크라테스의 흔적이 많이 남아 있는 '소크라테스적' 대화편

- **『소크라테스의 변론』** 소크라테스의 모습을 가장 잘 그리고 있다는 평가를 받는 대화편. 소크라테스가 법정 연설을 통해서 자신의 입장을 밝히고 있다. 초기 대화편이지만 대화 형식보다는 소크라테스의 연설 형식이 특기할 만하다.
- **『크리톤』** 소크라테스가 왜 살 수 있는 기회를 버리고 굳이 죽음을 선택하는가에 대해 친구 크리톤에게 말하는 형식으로 쓰인 대화편. 자신의 원칙에 따라 법을 지키고자 하는 모습을 보인다. 남을 해코지하는 것보다는 남에게 해코지 당하는 것이 오히려 더 바람직하고 영혼을 지키는 일이라며 자신의 신념을 지키는 소크라테스의 모습을 그리고 있다.
- **『라케스』** '용기'란 무엇인가를 탐구하는 대화편.
- **『카르미데스』** '절제'란 무엇인가를 탐구하는 대화편.
- **『에우티프론』** '경건'이란 무엇인가를 탐구하는 대화편. 경건의 의미를 묻는 에우티프론과 소크라테스의 대화는 결국 결론을 내지 못하고 끝난다.
- **『소(小) 히피아스』** 일부러 나쁜 짓을 저지르는 것이 모르고 저지르는 것보다 더 선하다는 이상한 결론이 나오는 대화편. 히피아스와 호메로스의 서사시에 나오는 아킬레우스와 오디세우스를 평가하다가 상식과 다른 결론을 도출해 낸다. 소크라테스의 문답법을 잘 보여 준다.
- **『이온』** 시에 대한 대화편. 호메로스의 계승자를 자처하는 이온과 소크라테스가 대화를 나눈다.
- **『뤼시스』** '우정'이란 무엇인가를 탐구하는 대화편.

2. 초기 대화편 중에서 소피스트의 웅변술에 대한 비판과 관련된 대화편

- **『프로타고라스』** 당시 최고의 소피스트로 이름 날리던 프로타고라스가 등장하는 대화편. '덕(훌륭함, 탁월함)은 교육될 수 있는가'에 대해 검토한다.
- **『고르기아스』** 연설술(수사학)의 의미가 무엇인지 묻는 것으로 시작하여 참된 연설의 의미,

참된 정치가와 철학자란 무엇인가에 대한 답을 찾아가는 대화편. 대중을 더 나은 삶으로 이끌어 주는 정치가는 참된 교육자이자 정치가이지만, 단지 대중의 쾌락에 영합하는 말만 하는 정치가는 아첨술에 능통한 요리사일 뿐이라고 말한다.

- 『에우튀데모스』 소피스트들이 흔히 사용하는 말의 애매함을 이용한 논박들을 검토하는 풍자적인 대화편.
- 『메넥세노스』 페리클레스의 추도 연설을 패러디하면서 페리클레스의 가치관에 대한 비판을 제기한다. 대화편의 일반적 형식인 문답법이 아닌 추도 연설이라는 방식으로 페리클레스의 자유주의, 제국주의적 가치관이 지닌 문제점을 지적하고 대안으로 힘과 부에 대한 열망이 아닌 정의와 도덕에 대한 진실한 추구를 제시한다.
- 『대(大) 히피아스』 '아름다움'이란 무엇인가에 대한 대화편.
- 『알키비아데스』 '인간의 본질에 관하여'라는 부제가 달려 있다. 알키비아데스가 자신을 돌보지도 못하면서 정치에 입문하려는 것을 비판하는 대화편. 알키비아데스와 소크라테스의 친밀한 관계가 잘 드러난 대화편으로 혼의 아름다움을 가꾸어야 한다고 말하는 소크라테스와 그에 수긍하는 알키비아데스의 모습을 그리고 있다.

3. 플라톤 자신의 사상을 전개한 중기 대화편

- 『메논』 '훌륭함, 탁월함'에 대한 대화편. 배움의 역설, 모르는 것을 어떻게 배울 수 있는가에 대해 논의한다. 노예 소년이 스스로 수학적 진리를 찾아가는 과정이 '산파술'로 등장한다.
- 『크라틸로스』 '이름의 올바름에 대하여'라는 부제가 달린 대화편. '이름'은 객관적으로 붙일 수 있는 것인지, 사람들이 정하기 나름인지에 대해 이야기하면서 그 사물의 본질을 이름을 통해서 알 수 있는지 사물 자체를 통해서 알 수 있는지 논의한다.
- 『파이돈』 소크라테스가 감옥에서 독약을 마시고 숨을 거두기 직전의 이야기로 '영혼의 불멸'을 다룬다. 철학자들이 실제로 힘써야 하는 것은 죽는 것과 죽음을 완성하는 것이다. 왜냐하면 철학자의 직접적인 관심사는 지혜의 획득인데, 이것은 영혼이 신체에서 해방되어 순수하게 될 때, 정신이 가장 활발하게 활동하기 때문이다.
- 『향연』 소크라테스가 아가톤의 집에서 함께 즐기는 이야기이다. 아가톤이 비극 경연대회에서 우승한 기념으로 사람들이 모여서 밤새 즐긴다. 사랑이라는 주제를 통해 에로스가 어떻게 진리에 대한 사랑으로 옮겨 갈 수 있는지, 사랑이 어떻게 진리 탐구가 될 수 있는지를

밝히는 흥미로운 대화편이다. 시종일관 삶이 유쾌하다는 것을 보여 준다.

- 『**국가**』 플라톤의 대표작. 총 10권. 이상적 본을 제시한 '이상 국가'에 대한 방대한 이야기가 담겨 있다. 인간 사회의 기원에서부터 교육과 가정, 나라의 모든 것을 다룬다. '정체'라고 번역하기도 한다.
- 『**파이드로스**』 전반부는 사랑을 주제로 후반부는 수사학을 주제로 다룬다. 아름다움에 대한 사랑이 참된 수사학이 갖추어야 할 진리에 대한 탐구, 지혜를 사랑하는 철학, 변증술을 이끄는 힘이라는 점을 보여 주는 대화편이다.
- 『**파르메니데스**』 이데아에 대한 대화편. 변화와 운동은 존재하지 않는다는 파르메니데스의 '존재'에 대한 난해한 이야기를 이데아에 적용하여 논한다.
- 『**테아이테토스**』 '없는 것에 대한 앎이 가능한가'로 시작하여 인식의 다양한 측면을 검토하는 대화편이다.

4. 플라톤의 후기 대화편으로 이전의 문제의식에 대한 대답을 마무리하여 보여 주는 대화편

- 『**티마이오스**』 조화로운 우주에 대한 플라톤의 생각을 보여 주는 대화편. '데미우르고스'라는 창조자가 '불변의 상태'를 본으로 삼아 만든 우주가 어떤 구조로 이루어져 있는지 말하고 있다.
- 『**크리티아스**』 옛날 대서양 밑으로 가라앉았다고 전해지는 '아틀란티스'에 대한 이야기. 아틀란티스가 번영을 이루다가 왜 멸망하게 되었는지 이야기하다가 끝나는 미완성의 대화편. 아무리 뛰어난 나라도 자만심과 오만, 과욕을 부리면 결국 망하게 된다는 교훈을 전한다.
- 『**소피스트**』 '소피스트'를 대상으로 삼고 있지만 구체적인 소피스트 이야기가 아니라 '소피스트'를 어떻게 규정하는가를 보여 주는 대화편. '있지 않은 것을 말하는 것이 가능한가'라는 숨은 주제를 가지고 '소피스트'를 정의하는 변증술의 과정을 보여 준다.
- 『**정치가**』 '진정한 정치가'는 대중에게 아첨하는 기술이 아니라 대중을 치료하는 기능을 지닌 의사와 같다는 것을 '나눔과 모음'의 변증술을 통해 보여 주는 대화편. 연습을 통해 모음과 나눔에 익숙해지고 변증술을 제대로 익히는 것을 목적으로 한다.
- 『**필레보스**』 좋은 것은 '쾌락, 즐거움'과 같은 것인가, '지식, 지혜'와 같은 것인가를 살펴보는 대화편이다.

- **『법률』** 플라톤 최후의 대화편. 『법률』에는 크레타 사람, 스파르타 사람 그리고 이름 모를 아테네 사람이 나온다. 소크라테스는 등장하지 않는다. 아테네 사람은 바로 플라톤 자신일 가능성이 크다. 이상 국가가 현실적이지 않다고 했을 때, 차선의 방법으로 제시된 것이 집단 지성, 바로 법률에 의한 지배이다.

5. 플라톤의 편지들 13편

- 플라톤이 쓴 편지인지 논란이 많지만 그중 『일곱 번째 편지』는 플라톤의 자전적인 이야기로 알려져 있다.

| 참고 도서 |

이 책을 쓰면서 참고한 책들이 많습니다. 그중에서 도움을 많이 받은 책들은 다음과 같습니다.

- 『정암학당 플라톤 전집』 플라톤의 대화편을 한 사람의 번역에만 맡기지 않고 여러 학자가 토론과 검토를 거쳐 한 명의 번역자가 책임 번역한 책입니다. 아직 완결되지 않았지만 지금까지 나온 책들만 읽어도 플라톤에 대해 엄청나게 많은 정보를 얻을 수 있습니다. 각 권마다 풍부한 주석과 정확한 해설, 다양한 부록이 실려 있으며 되도록 쉬운 우리말로 번역되어 있습니다.
- 『국가』, 『법률』, 『티마이오스』, 『필레보스』, 『소크라테스의 변론, 에우티프론, 크리톤, 파이돈』(박종현 옮김, 서광사)과 『플라톤』(박종현 편저, 서울대학교 출판부)은 플라톤의 전모를 살피는 데 빠져서는 안 될 책들입니다.
- 그 외 원전 번역본으로 『정치가』(김태경 옮김. 서광사), 『필레보스』(유원기 옮김, 계명대학교 출판부) 등을 참고했습니다.
- 일일이 제시하지 못하는 것이 안타깝습니다만 국내에 출간된 다수의 플라톤 철학에 대한 개론서와 해설서를 참고했습니다. 플라톤에 대한 비판적 의견을 제시한 책으로는 포퍼의 『열린사회와 그 적들 1』이 가장 대표적입니다. 플라톤의 시대를 이해하는 데는 드니 랭동의 『소설로 읽는 소크라테스와 아테네』의 도움을 받았습니다.

생각이 찾아오는 학교 너머학교

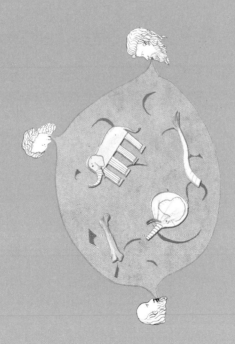

생각한다는 것
고병권 선생님의 철학 이야기

고병권 지음 | 정문주·정지혜 그림

탐구한다는 것
남창훈 선생님의 과학 이야기

남창훈 지음 | 강전희·정지혜 그림

기록한다는 것
오항녕 선생님의 역사 이야기

오항녕 지음 | 김진화 그림

읽는다는 것
권용선 선생님의 책 읽기 이야기

권용선 지음 | 정지혜 그림

느낀다는 것
채운 선생님의 예술 이야기

채운 지음 | 정지혜 그림

믿는다는 것
이찬수 선생님의 종교 이야기

이찬수 지음 | 노석미 그림

논다는 것
오늘 놀아야 내일이 열린다

이명석 글·그림

본다는 것
그저 보는 것이 아니라 함께 잘 보는 법

김남시 지음 | 강전희 그림

잘 산다는 것
강수돌 선생님의 경제 이야기

강수돌 지음 | 박정섭 그림

사람답게 산다는 것
오창익 선생님의 인권 이야기

오창익 지음 | 홍선주 그림

너머학교 고전교실

삼국유사,
끊어진 하늘길과 계란맨의 비밀

일연 원저 | 조현범 지음 | 김진화 그림

종의 기원,
모든 생물의 자유를 선언하다

찰스 다윈 원저 | 박성관 지음 | 강전희 그림

너는 네가 되어야 한다
고전이 건네는 말 1

수유너머R 지음 | 김진화 그림

나를 위해 공부하라
고전이 건네는 말 2
수유너머R 지음 | 김진화 그림

독서의 기술,
책을 꿰뚫어보고 부리고 통합하라
모티머 J 애들러 원저 | 허용우 지음

우정은 세상을 돌며 춤춘다
고전이 건네는 말 3
수유너머R 지음 | 김진화 그림

대화편,
플라톤의 국가란 무엇인가
플라톤 원저 | 허용우 글 | 박정은 그림

질문과 질문으로 이어지는 생각 익힘책

생각연습
생각의 근육을 키우는 질문 34
리자 하글룬트 글 | 서순승 옮김 | 강전희 그림

그림을 그린 **박정은** 선생님은

영국 센트럴 세인트 마틴 대학에서 그림을 공부하고 어린이 책과 잡지 등에 그림을 그려 왔습니다. 「잊지 마, 넌 호랑이야」, 「문화편력기」, 「꽃 같은 시절」, 「뭐? 공부가 재미있다고?」 등에 그림을 그렸습니다. 동물 관찰하는 것을 좋아하고, 동물 그리기 도 잘 합니다.

사진 제공

Wikimedia Commons(Keith Schengili-Roberts, Jean-Pierre Lavoie, Finoskov), 當代傳奇劇場

너머학교 고전교실 07

대화편, 플라톤의 국가란 무엇인가

2014년 8월 25일 제1판 1쇄 발행
2018년 3월 25일 제1판 2쇄 발행

지은이	허용우
그린이	박정은
펴낸이	김상미, 이재민

편집	이미경
디자인기획	민진기디자인

종이	다올페이퍼
인쇄	청아문화사
제본	광신제책

펴낸곳	너머학교
주소	서울시 종로구 누하동 17번지 2층
전화	02)336-5131, 335-3366, 팩스 02)335-5848
등록번호	제313-2009-234호

ⓒ 허용우, 2014

ISBN 978-89-94407-27-2 44160
ISBN 978-89-94407-30-2 44000(세트)

너머북스와 너머학교는 좋은 서가와 학교를 꿈꾸는 출판사입니다.